恩典中的百合花

Lily Blooming in Grace

许芸 著

易文出版社
I Wing Press

Lily Blooming in Grace
Yun Hsu

ISBN： 979-8-3483-4527-3
Published by I Wing Press, Inc. New York
Iwingpress@gmail.com

恩典中的百合花（第二版）

许 芸

责任编辑： 邱辛晔
美编设计： 王昌华
出版： 易文出版社·纽约
版次： 2025 年 1 月第二版，第一次印刷
字数： 140 千字
定价： $19.99

Copyright © 2025 by I Wing Press, Inc. USA
All rights reserved.
No part of this book may be reproduced in any form or by any electronic or mechanical means including information storage and retrieval systems, without permission in writing from the publisher. The only exception is by a reviewer, who may quote short excerpts in review.

作品内容受国际知识产权公约保护，版权所有，侵权必究

【作者简介】

笔名梓樱，昵称露西，八十年代初毕业于医学院校，行医十余载。九十年代末移居美国，进入新泽西州州立大学，从事科研与教学相关工作逾25年，现已退休。

作品发表于《真爱》《飞扬》《台福通讯》《海外校园》《使者》《神国》等40余种报刊杂志，并被收入40余部书籍。个人专集有散文集《另一种情书》《天外有天》《恩典中的百合花》；诗词集《舞步点》《就这么爱着》；专题集《自在跨越更年期》。

获各种文学奖二十余项。散文、小说、报导、评论、及人文论著等均获得过"海外华文著述奖"。曾任《找到了我的家》网络期刊主编五年，参与多本书籍编辑。参与创建"纽约华文女作家协会"并任第二届会长。北美中文作家协会、海外华文女作家协会终身会员。

奔向山顶的大光

（再版序）

阳光照在雪地上，比照在草地上明亮多了，我的心情也敞亮起来。不日前接受江湖姐采访，她说，先接触宗教再转入灵性探索的人，大多对宗教浅尝即止，而你不一样。所以很想知道，一位资深基督徒，如何走上灵性探索之路，而这些探索的答案，如何与基督教信仰相协调？

这是一个好问题，这次采访也是一次非常有意义且深刻的采访，我们畅所欲言聊了三个多小时。

我受洗归主已三十二个年头，灵性探索是 2020 年出版《恩典中的百合花》之后开始的。正是在编辑这本书时，过去了 28 年的濒死体验清晰在目，激发了我探索灵魂和死后世界的好奇心。这些年来，我阅读了大量灵性方面的书籍，修读了 10 门以上与灵、魂、体探索和保养有关的课程。我感觉自己"完全醒了"，不仅对上帝（我现在喜欢称祂"源头"）的认识加深了，与祂的关系也更加紧密，真正体会到"我在祂里面，祂在我里面"的极大满足和幸福。

有人会问，耶稣还是不是你的救主？"当然是！"答案无可置疑。他是我个人的救主，我的保惠师，我生活道路上的榜样。每当我遇到困境，感觉委屈时，只要转头看他，就可以立即释怀。即便在梦中遇到恶魔追杀，我只要喊一句"耶稣救我"，那些令我恐惧的画面便会立即消散。

江湖姐说，准备把《恩典中的百合花》购书链接放在视频节目下方，以便有兴趣的读者购买，这启动了我重新校对文稿的想法。此书出版以来，我还是第一次从头到尾一字一句地再读，重新回顾自己走过的信仰旅程。阅读的过程中，发现了不少需要修订的字词，但没有看到任何与灵性探索违和的地方。庆幸自己在踏上探索之路前，求问过上帝，并耍赖般地说，"如果应允，一定要给我明确的印证"。祂三次给我同样的经文，即："如果神子让你自由，你就真自由了。"（约8:36）而近几天，我又在不同的书籍或资料中重复看到这节经文。

想对读者说的是，这本文集是我信主27年时编辑出版的，现在的我，身体细胞已新旧更替了好几轮，思想认知的提高更是可想而知。如果本书的内容对您有帮助或引起您共鸣，感谢您与我同频共振；如果没有共鸣，也不要怀疑自己的探索之路，"条条道路通罗马"是一个富含哲理的句子，流传这么多年，定有它存在的道理和意义。

现在我用《濒死体验引我探索灵魂》一文的最后一段，作为这篇再版序的结尾：

我的眼前仿佛出现了一个景象：一座高山，有好多条道路通向山顶，或直或曲，或坦或险，每条路径上都有许多攀登者。山腰有歇息的凉亭，山顶有大光。汇聚到山顶的人们不论从哪条路径上去，都彼此拥抱，亲密无间。他们身上放着光芒，高频的能量向四周散发，云蒸霞蔚。我突然发现，不必再去纠缠灵魂的本质是什么，选好上山的路，吸收高频能量，远离或转化低频能量，朝着山顶的大光，勇敢攀登，就是我们灵魂的意义所在！

2025年1月8日
于芸香阁

自 序

每当捧起新书,我总是先读序,如果一本书没有序或后记,就感觉有点遗憾。友人为作者写的序尤为好看,除了从友人笔下去认识作者的品性,还能读到令人印象深刻的趣闻轶事。读了序再读书,对作者便有了些许熟悉感。

两个月前,我遭人误会,心里忧伤,跪下求神帮助。祂给我的启示是,"我这么爱你,你也要以我的爱来爱你周围的人。去编书吧,回看一下自己的初心。"那时,新冠疫情正在武汉肆虐,我除了天天关注疫情和募捐,没心情干任何事,非常不理解,神为什么在这种时候让我去编书。仅仅过了一两周,新冠疫情便蔓延北美,停工停产停课,宅在家里的我,正好有时间编书。真是人算不如天算啊!

二十多年前,有位师母送我一句话:"焉知你得了王后的位份,不是为现今的机会吗?"(斯 4:13)那时我对圣经还不太熟,不明白师母的用意。是要我去传道?还是说,我所处的位置重要?

几年后,某基督教机构邀请我参与网络期刊创办,要我出任主编。我深知那是很重的担子,不肯接。同工们齐心祷告,求神的灵感动我。我自己的祷告却背道而驰,用一大堆理由,求神饶过我。三个月过去了,有一天灵修祷告时,这节圣经再次抓住了我,我立即跪下,流泪降伏。五年劳作后才发现,最大的受惠者正是我自己。如今编刊、编书、咬文嚼字成了我的兴趣所在。神原来就是这样，把恩赐加给祂的孩子。

27年来，在神的家中，我是任性调皮的孩子，有时甚至难免"恃宠而骄"。天父每天看顾、引导、管教着我，祂总有办法，把我从各种泥潭中救拔出来。

林语堂先生《信仰之旅》的序非常好，忍不住摘录一段："可能有许多人想给我们一种'装在箱子里的拯救'，许多人想保护我们免于异端的诱惑。这种对于我们个人得救的焦虑，是完全值得赞赏的。但另一方面，在这种'装在箱子里的拯救'中，人们却容易在我们的信仰上，加上过重的负担。这就是所谓的教条及灵性上的独断主义；而我所反对的是那种灵性上的独断主义，多于那些个别的、特殊的教条。"

这两天，与一位刚从新冠肺炎死里复生的弟兄沟通。他在昏迷中被神牵着手，快乐地玩耍和摔跤。他对神说，自己讨厌教会的规条，神却没有责怪他，让他做好自己就行。上帝就是这么宽容和慈爱，当你与祂接通了"电"，就能体会那种只可意会，无法言传的美好。

"愿感动戴德生的灵，加倍地感动你。"这是1994年元月我参加美东福音营，一位师母送我《挚爱中华》时，写在扉页上的一句话。借此我也对朋友们说："愿感动我的灵，大大地感动你、祝福你！"

2020年4月28日于芸香阁

目　录

奔向山顶的大光（再版序）   I
自　序   III

散文篇

苹　果   3
小背心   6
妈妈不得不说   10
"爱之语"的教育   14
不在册的联想   20
"9·11"引发的思考   24
惊险感恩节   28
永恒的花圃   32
谁知明天   36
容我本相   39
信主前后的我   42
在我父家中   46
一件大衣   48
爱哭新悟   50

现今的机会	52
清尘、清仓、清箱与清心	55
花心的理由	57
中国,有希望!	59
生命的底色	63

人物篇

小学生 大管家	69
直奔标杆	71
跟着异象向前走	77
来自吉尔吉斯国的好消息	83
做神国事工的杠杆	88
从民主斗士到神国忠仆	95
爱主助人 永不言退	100
光明而立体的时安	106
抹不去的记忆	110
见您含笑在天家	114
有限生命无限爱	119
也是艺术也是诗	123
石村印象	129

走近文学前辈王鼎钧　　　　　**138**

写作路上的领航人　　　　　　**143**

纪事篇

空前的盛会　灵命的复兴　　　**153**

心灵的美宴　人生的转折　　　**157**

喜乐的事奉与事奉的喜乐　　　**160**

教会里的聚餐会　　　　　　　**163**

款款赤子情　滋润母亲心　　　**167**

牵手一世情　　　　　　　　　**171**

令人焦头烂额的焦点话题　　　**176**

生命影响生命的营会　　　　　**179**

给有心学习敬拜及带领的您　　**184**

中国福音大会之于我　　　　　**186**

嫁　女　　　　　　　　　　　**191**

传递感动的母亲节　　　　　　**197**

话题篇

网络择友非夜谭　　　　　　　**205**

让婚姻之花长开　　　　　　　**211**

情牵永世	217
女人中年	228
婆媳互动有门径	239
迎战婚姻暴力	248
慎防外遇陷阱	257
跨越更年期	265

后　记　　　　　　　　　275

散文篇

散文篇

苹 果

如今，当我们在纽约时代广场，欢呼跨年大苹果降落时，是否想到，世界上还有多少孩子恨恶着"苹果"？恨恶着虽然给了他们丰裕的物质生活，却留下苍凉薄弱亲子关系的父母？

又到了每周一次买菜的时间，带着女儿正准备出门，先生赶紧叮嘱一句："别忘了买几磅苹果。"为此，我比较了货架上各种品牌的苹果，决定买又大又红又新鲜的富士苹果。正在边挑边装，女儿走了过来，她立即抢夺我手中的食品袋，嘴里还嚷嚷着："妈妈别买苹果，苹果不好吃，我恨它！（I hate it！）"

我惊奇地看向女儿，想着女儿讨厌苹果是有原因的，这并不是因为她听了《白雪公主》的故事，认为苹果带毒，也不是因为家中常买苹果，她吃厌了。这么多年来她极少吃苹果，很可能与十年前一段不愉快的记忆有关。

十年前，女儿过了三岁半，达到了上幼儿园全托的年龄标准。那时我在医院当医生，一周要值两个夜班，当然还有一个原因是那时三十刚出头，玩心未泯，总感觉孩子是个牵绊。于是，千方百计找熟人、走门道，拿到了一个很难得的幼儿园全托名额。

当我告诉女儿，开学她就能上全托了，没想到女儿立即反问："为什么？为什么要把我送全托？"我愣了一下，赶紧回答："你是好孩子啊，好孩子才能进全托呢！"女儿却说："我不要当好孩子，我不要上全托！"然而，我决定了的事情是很少会改变的，于是硬把她送了全托。

那是我先生所在单位中科院的幼儿园，就在我们大院，教学、管理都非常好，只是日托与全托的孩子不分班。幼儿园接收我女儿成为全托生时，提出一个要求，就是在周一送孩子到幼儿园时，带上六个苹果。经验告诉幼儿园的阿姨，每当日托孩子被父母接走时，全托孩子就开始哭闹，这时，苹果就成了安慰孩子们的最佳水果，孩子们只要捧上苹果，就停止哭闹了。所以，当日托的孩子放学被父母接走时，全托的小朋友就被值班阿姨领到一个角落吃苹果，以转移他们的注意力。

当时，市面的苹果价格不菲，像我们这样的双职工家庭，不可能把苹果当日常水果，大多数情况，是用作探亲访友的礼品。偶尔买一两斤回家哄女儿，她总是非常高兴和乖顺。

女儿见我买回了苹果很高兴，闹着要我削给她吃，我便告诉她：这些苹果都是给你买的，等到星期一去幼儿园，就能每天吃到苹果了。好不容易捱到星期一，我便牵着女儿，拎着苹果，一同托付给幼儿园老师。

起初，女儿看见我周一早晨装苹果还挺高兴，谁知，没过几周她就边闹边抢夺我手中的苹果："不要苹果，不要苹果！"她已经知道，没有苹果的孩子，放学时父母会来接他们回家，有苹果吃的孩子都不能回家。然而，孩子怎敌得过父母？女儿无奈地吃着苹果，留在幼儿园。

开学两个多月后，幼儿园园长约我谈话。她说："看来你的孩子适应不了全托生活。孩子刚全托时，会哭闹一、两个星期，最长的哭闹一个月就适应了。可你的孩子，开学两个多月了，还是每天从幼儿园放学就开始哭闹，持续两三个小时不止，谁也哄不住。我从来没见过这么倔强的孩子，你还是放弃全托吧。"我似乎看到了女儿泪汪汪的大眼睛，似乎听见她哭喊着："我不要苹果，我不要做好孩子！"

我的心碎了，决定立即取消全托。出乎我意料的是：两个月，仅仅短短两个月，孩子的性情却发生了相当大的变化。女儿不仅从爱苹果到恨苹果，更是从乖巧听话变得处处执拗。尤其让我痛心的是，原本乐观、上进、自信的女儿，变得常常心不在焉，凡事慢半拍。

我这才发现，自己犯了个多么大的错误啊！我愿意花钱给孩子买苹果，却忽略了她的情感需要；孩子虽然吃着可口的苹果，吞咽的却是孤独和寂寞，甚至认为父母不爱她、不要她了。我想培养孩子的独立能力，孩子领受的却是：不做好孩子就可以回家，我宁愿不做好孩子！

事情虽然过去了十年，可十年前的阴影仍留在孩子心中，而我，每当想起这段往事，就觉得心酸和惭愧，觉得对孩子的亏欠难以弥补。在她全托的两个月里，每天看着同班小朋友欢欢喜喜地被父母接走，她稚嫩的心灵便被伤害一次。

如今，当我们在纽约时代广场，欢呼跨年大苹果降落时，是否想到，世界上还有多少孩子恨恶着"苹果"？恨恶着虽然给了他们丰裕的物质生活，却留下苍凉薄弱亲子关系的父母？

原来孩子需要的是父母之爱，而不单单是"苹果"啊！

注：此文为笔者发表于平面媒体的第一篇作品，此次编辑做了不少修订。

原载于《爱家》杂志第五卷，2000年第二期

小背心

奇妙的是我越来越看到孩子的可爱乖巧之处，越来越欣赏孩子的聪慧，也越来越能站在孩子的立场、从孩子的角度来分析判断事务。

"妈咪，给你的。"随着一声甜甜的呼唤，女儿把一件包装好的礼品塞到我手中。"什么东西？"我莫名其妙地问。

"自己看！"女儿答。

我打开包装，只见一件鹅黄色的小背心，面上还附着一张自制贺卡，写道：

"祝母亲节快乐！祝母亲永远年轻！"

原来，女儿用省下的午餐费，买了件最为贴身、也是我最喜欢颜色的礼物，还

"小背心"初中毕业（2000年）

用精心制作的贺卡，送上真诚的祝福。

是时，离母亲节还有一个月。

只觉一股暖流涌上心头，满心是感慨，满心是欣喜。往事就从我刚怀上女儿开始，向我走来。

十五年前的某一天，我上了手术台，时任妇产科主任的母亲，准备亲自给我做人工流产手术。一切准备就绪后，母亲对我说："给你最后一次机会，仔细想想，否则，后悔都来不及了。"

那时的我已经不太年轻，申请生育指标应该没问题，只是因为事情来得太突然，让我无法接受。那时我们刚结婚不久，采取了避孕措施都没挡住这个缘分。蜜月期间我们回家乡探亲访友，一路奔波劳累，我不仅患了场感冒，还喝了酒。这一切都让我担心会生出个残疾孩子。如果真是这样，我们的生活将一团糟。最重要的是，我那时信心满满要当一位出色的好医生。

术前曾与母亲讨论过好几次，母亲说，术后引起后遗症的比例不在少数，最常见的是继发性不孕和习惯性流产。许多人就是因为手术，留下了终身没有孩子的遗憾。这让我非常犹豫，请求母亲帮我做决定，母亲却一定要我自己拿主意。

手术前一分钟，我改变了初衷，并不是因为接纳了腹中的孩子，而是因为我怕痛，也怕失去做母亲的机会。就这样，整个怀孕过程，我就在不情不愿、噩梦连连和极度担忧中度过。

孩子出生后，全身检查没有发现生理缺陷，之后的发育也很正常，让我们大大舒了口气。虽然没有了之前的担忧，但孩子特别好动，特别缠人。家里的噪音不断，大大影响了我的学习计划和效率。我视女儿为不速之客，是我业务进步的绊脚石。对女儿我没有太多感情，更没有耐心。我的管制很严，还不时体罚，也常常在孩子管教方面与先生起冲突。我觉得他对女儿的溺爱无底线，他却觉得我不可思议，说我是个比后妈还不如的"后妈"。

孩子渐渐长大，母女间的关系也越来越坏。孩子越来越违拗、悖逆，甚至出现了不良行为。我在失望中更加频繁地对她进行训斥和棍棒教育，直至发展到女儿奋力抗争，与我对打。我甚至萌发过要把女儿送"问题青少年管训所"的念头。

女儿与父亲在一起有说有笑，与同学朋友玩耍时笑容也很灿烂，可偏偏与我在一起无话可说。有时，我也想孩子与我亲热亲热，希望她向我撒娇，对我欢笑。然而，孩子给我的却是冷冰冰的："不要碰我，我不喜欢你，你不配作母亲！"我与女儿之间似乎隔着冰山，隔着大洋，隔着无底的深渊。

1993年，我带着女儿来美国探望父母弟妹，不久就接受主耶稣为我的救主。通过学习《圣经》我渐渐明白：孩子不是父母的私有财产。他们虽然出自于我们的身体，但都是上帝的受造物，在人格上与父母平等。父母没有资格在怒气中随意打骂孩子，更不应该把自己的主观意识，强加给子女。父母的责任是在爱中引导他们，监督保护他们，使他们健康成长。

我突然发现自己对孩子的亏欠实在是太多，难以弥补，为此流下懊悔的眼泪。我一次次在上帝面前忏悔和祈祷，求上帝给我力量接纳女儿，宽容慈爱地对待女儿。奇妙的是我越来越看到孩子的可爱乖巧之处，越来越欣赏孩子的聪慧，也越来越能站在孩子的立场、从孩子的角度来分析判断事务。在同理心的基础上，我对她的管教，也逐渐从单向的、重复的、严厉的指责，变为耐心的、温和的、晓以利弊的提醒。

我发现自己发脾气的次数逐渐减少，渐渐地，女儿愿意把学校里的趣闻轶事说给我听，与我交换意见。若遇到拿不定主意的事情，女儿也会征求我的意见，乐于采纳我的建议。我开始听到女儿说："妈妈，您怎么懂得那么多？""妈妈，您真能干！"

有几次，我为自己曾经打骂女儿，当面向她赔礼道歉，请求她原谅。说着说着，禁不住流下泪来，女儿赶紧为我拭泪，说："妈妈，妈妈，别哭了，过去的事情我都不记得了。你打我骂我都是为了我好，我不听你的话是不应该的。"

如今，我们一家三口，常常在一起谈论时事、政治、国家大事；在一起欣赏电影、电视；一起外出品赏美味佳肴。我与先生向女儿学习美国历史、习俗、现代科技等知识，女儿则津津有味地听我们讲中国典故和历史。我与女儿每隔一段时间还有"特别约会"，或天南海北地聊天；或一同外出采购、彼此作参谋；或为家庭建设出谋献策。我常向女儿推荐好书，女儿则主动向我学习编织、刺绣和为人处世之道。

女儿变得越来越懂事，越来越成熟，常常主动分担家务，或帮忙做饭、洗碗，或帮忙清扫、采购。不仅如此，她还变得越来越细心，越来越体贴。

有时我下班到家太疲倦，躺在床上小歇，女儿会悄悄给我盖上毯子，她还常常提醒我："妈，你又瘦了，别太晚休息。"

瞧，多么贴心，多么温暖。难怪人们常用"小背心"来形容女儿，真是最贴切不过了。是啊，女儿是我的小背心！

原载于《爱家》杂志第六卷，2001年第五期

妈妈不得不说

在你未成年之前，在你独立之前，妈妈还是希望你越简单、越单纯越好。这里说的简单和单纯并不是说不要智慧。

亲爱的孩子，昨夜妈妈做了个梦，梦见你与一群高中同学，正准备外出露营，男男女女挤在一个房间里换衣服。见此状妈妈非常担心，临出门前，妈妈搂着你祷告，求上帝设立保护圈，保佑你的平安。然而，祷告后妈妈心里仍然感觉很不踏实、很不平安，于是，妈妈执意阻拦你与同学们同往。同学们在等你，也有几位女同学来劝妈妈放行，但妈妈坚持不松口。于是，导致我们爆发了激烈的争吵，几乎吵到母女关系破裂。妈妈心里非常难过，便在难过中醒转，发现原来是一场梦，也庆幸这仅仅是一场梦。

想想这梦并不是没有由来的。不久前，你接受毕业班男生邀请，作为他毕业典礼的舞伴。从此之后，你就开始作准备，花费了自己打工积蓄的好几百美元，买了吊带连衣裙、与裙子配搭的鞋子和手包。看着你扮装后亭亭玉立的俏模样，感叹你终于长大了，很为你高兴。昨天又陪你去开了个手机，你已经是高三的学生，可以有自己的社交网和小秘密了。

看着你每天兴奋地准备、盼望着毕业典礼的到来，妈妈没觉得有什么不好。可当你说出，同学们结伴在毕业典礼后去某位同学家过夜，我就立即感觉不妥了，坚决不同意你参加。尽管你没与我分辩，也没摆出非去不可的理由，但我还是看到了你不高兴的表情。我知道，你心里非常向往这种狂欢之夜，于是，妈妈做了上面那个梦。

美国社会开放，电视、杂志及各种媒体引领着时尚，促进着消费，也影响着人们的价值体系。见到你常翻阅《十七岁》（《Seventeen》），和一些时装杂志，模仿上面的梳妆打扮和着装艺术，有些还不错，有些就比较过分。比如，我不喜欢你穿领口太低的短衫和连衣裙，以及太短的短裤。记得有一次你翻看《Seventeen》，与我讨论里面的青春少女。我们都选出自己认为最美的女孩，我选出的女孩与你选出的不一样，你问我，为什么不认为你选出的女孩是最美的？我说她的五官和打扮无可挑剔，但你有没有注意到，她的眼神是撩人的，她的表情是冷漠的。我认为，你们这个年龄段的女孩，应该越清纯越美丽，不应该画那么浓烈的妆，也不应该穿太性感的衣裙。如果一个女孩只想着如何打扮自己、靠自己的女性特征去吸引异性，而不注重品格修养，没有独立自主意识，没有自尊和自爱，就不可能长久吸引住自己喜欢的异性。当然，优秀的男人也不会长久喜欢花瓶式的女孩。实际上，受媒体影响最大的，就是你们这些思想没定型，好奇心极强，还热衷于追逐时尚和明星的年轻人。

广告、杂志上最刺激人们感官的，是夹杂其间的裸体和半裸体模特照，有时男男女女勾肩搭背、赤身露臂挤在一堆。常常翻阅这些杂志，看电视上类似的广告，久而久之，会视觉麻木，进而感觉麻木，习以为常。看过一些报道，美国孩子，二十岁之前没有性经验的人比例很低，而少年妈妈却不少，许多人的第一次性经验,就是在汽车、或在某个狂欢晚会集体过夜中获得。许多方面的调查和测验结果显示,婚前性行为往往会影响正式婚姻。许多少年母亲断送了她们日后的幸福;许多人也因理不清的感情纠葛,而影响了家庭生活的安定。

我无意去一一指责这些社会现象,只是想提醒我心爱的女儿,生活在现代社会环境,难免受影响和诱惑,成年人也不例外。重要的,是我们要时刻保持警惕和清醒。圣经上说:"你们要逃避淫行。人所犯的,无论什么罪,都在身子以外,惟有行淫的,是得罪自己的身子。"妈妈认为极有道理,希望你能记住。

其实,一个人要放纵自己是很容易的,但要管住自己却很难。人都有感情需要,谁不希望有人爱、有人宠、有人欣赏?然而,在你未成年之前,在你独立之前,妈妈还是希望你越简单、越单纯越好。这里说的简单和单纯并不是说不要智慧,有时还很需要智慧,有了智慧你才能敏锐地察觉出,什么是陷阱要警惕,什么是诱惑要躲避,也才不至于落入世俗的烦恼,做出让自己后悔的事情。

好多年前,妈妈读过教育家卢梭的《爱弥尔》,非常喜欢。于是,认真抄录了几段,为的是常常提醒自己,也为了有一天能转赠给你。我想现在是时候了。

大自然对女性施加的最严厉的约束一旦取消之后,还有什么东西可以管束她们呢?她们既然抛弃了女性固有的荣誉(指羞耻心),还有什么荣誉可以得到她们的重视呢?只要有那样一次听任了情欲的摆布,她们就再也没有抵抗的决心了。

如果你想生活得又快乐又严肃,你的心就只能够去爱那永恒不变的美。你应适当的去限制你的欲望,应当先履行你的天职，然后才去满足你的欲望。你应当把需要的法则也用之于道德的行为，你应当学会在你失去了你可能失去的东西时怎样应付。你应当学会在实践美德的时候，如果必要的话，怎样抛弃一切的东西。怎样应付各种事变的摧残，怎样鼓起勇气应付逆境，以便使你永远不会落到悲惨的境地。怎样坚定地履行你的天职，从而使你永远也不会有犯罪的行为。

这样一来，尽管你的命运作祟，你也会生活得很愉快；尽管你的欲念丛生，你也会生活得很严肃。你将发现，即使你所占有的东西是容易丧失的，你也会从中享受到极大的快乐，而不会有任何忐忑不安的心理。因为，是你占有了它们，而不是他们占有了你。你将认识到，对人来说，一切东西都有失去的一天，所以要舍得牺牲，才能够得到享受。

你是我的财产，我的孩子，我的事业；我要等到你得到幸福的时候，我才能取得我的幸福；如果你使我的希望落空，你就窃取了我二十年的生命，使我到老年的时候遭受痛苦。

孩子，也许你现在还不能完全理解这几段摘录的意思，不要紧，你只要留在身边，多放几年，想起时多读几遍，你就会渐渐明白，渐渐体会其中深奥的道理和伟大的智慧。这几段话也代表了妈妈的心声，代表了妈妈的愿望，希望你珍惜。

原载于《爱家》杂志第七卷第十期，2002年10月

"爱之语"的教育

——读《爱之语》有感

《爱之语》一书给了我启发和教育，我也推荐先生读这本书，好更加了解彼此的需要。

为了与女儿建造良好的关系，四年前我专门买了几本有关亲子关系的辅导书，刻苦钻研起来。读过的内容大半都已淡忘，只记得一句：若要想让你的孩子成为你的好朋友，随时注意他/她的需要，填满他/她的爱箱（或称爱的器皿）。"爱箱"这个词有意思又很形象，我开始身体力行，奇迹果真慢慢发生了。

后来又与先生一同参加教会的"家庭建造"课程，第一次听说了"爱的五种语言"。老师说，若是想让自己的婚姻美满幸福，学习彼此的"爱语"，了解它，接纳它，运用它，必会有意想不到的结果。

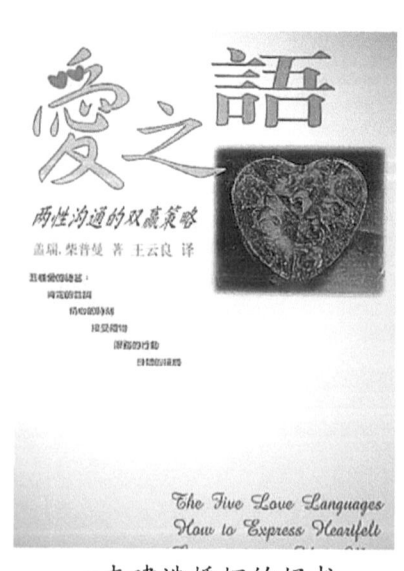

一本建造婚姻的好书

她向我们推荐了一本书——《爱之语》(Five Love Language)。

我赶紧买了书来读,读后心情久久不得平静。这本书也提出了"爱箱"概念,还提出了"婚姻银行"概念,用存取款来比喻夫妻互动的模式和结果。这本书像一面镜子,照出了我是个很贪心、"爱箱"很大很大的人。

一、爱的五种语言

要想爱得长久,要想恋爱或新婚季节的山盟海誓成真,你就要学习,学习如何去爱,学习如何爱得恰到好处。

五种爱的语言是:

1. 肯定的言辞
2. 精心的时刻
3. 接受礼物
4. 服务的行动
5. 身体的接触

每个人有自己不同的"爱之母语",这是自己最习惯用的语言,且是自己觉得运用时,最舒服和自如的语言。正如书中所说:"语言是人类文化的一部分,如果我们要超越文化的界线,做有效的沟通,那么,我们就必须学习那些沟通对象的语言。在爱的领域里,情况也相似。你所表达爱的语言,比较于你配偶的语言,也许就像华语和英语那么不同。不论你多么努力的试着以英语来表达,如果你的配偶只懂得华语,那么你们永远不会了解如何去爱对方。"

这五种主要的语言里,还包括了不少方言。比如"精心的时刻",有的人认为,一起做事、一起旅游就是最美的时刻;也有人认为，什么都不做，四目相对地聊天就是"精心的时刻"。

二、恋爱的感觉是迷雾

现今的世道，包办婚姻在开明国家已不复存在，奇怪的是，这些地区的离婚率却一直上涨。"我不再爱他/她""我没了爱的感觉""我们个性不合"等等，都成了离婚的托辞和理由。到底怎么了？当年的激情哪儿去了？当年的爱人怎么变样了？甚至有些人视婚姻如坟墓，待伴侣如敌人。却不知，自己当初是甜甜蜜蜜地进入了恋爱的迷雾和网罗。

有专家统计，恋爱的激情平均为两年。激情中，恋人们不会吝啬自己的溢美之词；不会吝啬自己的时间和金钱；还会心甘情愿地讨对方欢心。也就是说，恋爱期间，人人都是会说各种"爱之语"的天才。因此，在天才与天才之间，任何语言都不是障碍，任何人都难逃爱情的网罗。

两年过后，激情燃烧得成熟了，进入婚姻；燃烧尽烬了是分手，心中留下的不是厌倦就是伤痛。

看到底、说到底，恋爱是一种感觉，在感觉之中，人的思维被局限，人的行动超乎寻常。雾散之后回到真实的自我，面对真实的配偶，爱情语言的天分渐渐失去，实际的生活刚刚开始。

调整得好，相看两不厌；调整得不好的，爱箱渐空乏，直到忍无可忍，去寻找新的爱源。

三、知己知彼爱箱满满

我之所以说，自己是个贪心的人，是发现自己的爱箱太大。

五种"爱的语言",几乎都是我的"母语":我希望"肯定的言辞"越多越好;我觉得"精心的时刻"是感情中最重要的一部分;我相信"送我礼物"是爱我不可或缺的表现;我认为"为我服务"是真爱的表达;我认为"身体的接触"是爱的最高境界……

当我美滋滋地展示新衣、满怀希望地期待先生赞赏,不善言辞的他常泼冷水,最多来一句"还行。"

当我盼望先生送我礼物,期望总是落空,连最起码的一枝玫瑰也讨不到。若在特别的日子提醒或暗示他有所表示,他却会说:"你管钱,想要什么自己去买。"真是又闷又乏味。更有甚者,结婚后还不让我在散步和逛街时牵他的手,说:"让熟人看见了多难为情。"纯粹一个伪君子!

我的爱箱渐渐空乏,我的沮丧渐渐增多,我怀疑自己上当受骗了,叹息自己"再也成不了他眼中的情人",甚至认为,离婚的厄运也许不久就会降临……

信主之后,我才知道"爱"是一种抉择,一种乐于付出而不总是奢求回报的抉择。上完"家庭建造"课程,我开始观察先生的爱语。原来,他的爱语是"精心的时刻"。记得从见面认识开始,他就愿意与我聊天,愿意把自己的经历和想法告诉我,愿意发表自己对时政的评论。兴致来时,我们可以深谈至黎明。他的另一个爱语是"服务的行动"。年复一年,他在枯燥的灶台前,为家人烹调出一桌桌可口的饭菜。家里的电器、家具坏了要修理,车子要换油做维护等,只要我开句口,他就做得妥妥贴贴。他还最乐意当骑手(骑自行车)和车夫(服务性开车),接送孩子往来。

然而,当我只专注于自己的"爱语",无论如何也得不到满足,爱箱自然常觉空乏,抱怨自然多起来。而他在付出如此多的时间、精力和爱心之后,得到的回报只有抱怨时,他的爱箱也渐渐空乏。有一次在朋友聚会中,他微醉吐真言:"什么叫忍?忍就是心上的一把刀!唉,我心上可是有好几把刀啊!"哇,这么严重啊?我当时便哑口结舌了。总以为自己是不幸中人呢,原来他一直在忍耐着我?还好,在还不太迟的时候,我们有机会一起参加课程,开始学习彼此的语言。在我们的爱箱还没完全空乏时,学会了及时往对方的爱箱里面添爱,让爱箱满起来。

《爱之语》的这段话非常好:"当我的配偶有爱心地投资了时间、精力、和努力在我身上,我可以感觉到自己的重要。缺少了爱,我可能一生都在追寻意义、自我价值、和安全感。"只有当我们的爱箱被填满之后,婚姻才有望进入美满,也才会产生良性循环,这循环包括情绪方面、工作方面和人际关系方面。仔细观察一下我们身边婚姻不美满的家庭,哪个不是为着自己情感的需要而受着煎熬?

四、情人节上再携手

早就听说乡音团契的情人节晚会很精彩,这不仅包括节目组织策划得好,主持人主持得精彩,还包括它能让许多不善言辞的先生"脱胎换骨",让他们的太太脸上放光、抱怨减少。

报名开始那天,我对先生说:"我们也报名参加吧,你可是欠了我十八个情人节呢。"老公说:"老夫老妻的了,还过什么情人节?"身边一对伯父母听到了我们的对话,便说:"你们还老?我们都近七十了,连续两年参加这个特别聚会,很值得呢。"就这么着,先生被我生拉硬扯地参加了聚会。

晚会是聚餐会加联欢节目，把情侣们单独的面面相觑变成集体庆典。组织晚会的弟兄姊妹早早来到会场，把桌椅排好，用情人节专用的餐桌布和餐具，把会场布置成温馨的红色。座位按每对情侣隔桌面对面编排，桌上有为先生们准备好的玫瑰花；有让夫妻们互留温馨之言的纪念卡。会场上空飘荡着扎成束的彩色气球，轻松浪漫的乐曲，调剂着情侣们的最佳状况。

　　绝的是，用餐完毕联欢开始，主持人便"强迫"每一位先生给太太献花、拥抱太太、并在太太耳边说一句甜言蜜语。虽然我的那位大打折扣，但总算结束了我"从未获赠玫瑰"的历史。

　　主持人精心安排每一对情侣上台亮相，或是单独被请上台"审问"恋爱史，或是双双上台被"检查"夫妻间的默契程度。有一个节目我们被点名参与，这个节目是让几位被请上台的妻子，躲在大宣传版后面，只把手从宣传板上面垂下来，由各位先生认领。结果是，有的先生扫一眼，就径直去牵一只手，领出来的正是他太太；有的人牵了别人太太的手，引起哄堂大笑；而我家那位表现最差，迟迟不上前，最后牵了那只剩下没人要的手。他的举动当然逃不过众人的眼睛和嬉笑，我乘机说，"老公啊，以后可得多牵牵你老婆的手，别再出洋相了。"

　　《爱之语》一书给了我启发和教育，我也推荐先生读这本书，好更加了解彼此的需要。照着书上的指导身体力行，婚姻满意度一年比一年提高，渐渐进入默契。这本书真称得上是一本深度心理学教科书，一本能创造婚姻奇迹的指导书。

　　　　　　　　　　原载于《飞扬》杂志第 33 期，2003 年 8 月

不在册的联想

也许明天，一个意外，我的灵魂离开我的肉体去到乐园。主耶稣在生命册上查找我的名字，向我发问。

一九九九年九月九日，是若歌教会成立二十周年纪念日。为着这个日子，教会编印了新的会友通讯簿，与以往通讯录不同的是，附录了历年受浸会员的名单。我见到许多熟悉的名字，却单单找不到自己的名字。

想起自己，是在弟兄姐妹的见证会上大受感动，当场信主，并强烈要求与这批弟兄姐妹一同受洗。教会为此专门召开长执会，讨论后破例同意我加入，便自我安慰："教会名册上没有自己的名字不要紧，只要天上的生命册有名字就行。"谁知这么一想，反倒不寒而栗起来。

也许明天，一个意外，我的灵魂离开我的肉体去到乐园。主耶稣在生命册上查找我的名字。问："你是谁？叫什么名字，在什么教会受洗？"

"我叫许芸，X年X月X日在若歌教会受浸，归在你的名下。"

"若歌教会上报的名册中没有你的名字。"

"那是个小意外，我是特例，教会名册上是否有名字我不在乎，我关心的是您的名册上有没有我的名字。"我解释道。

主说："那么我问你，你尽心尽性尽意爱我了吗？"

"主，您知道，我爱你，我还常盼望早日见您的面呢！"

主说："你不留恋世界是好的，可我要你做光、做盐，你做了吗？"

"主啊，我尽力去做。但我承认，我做光不够亮，做盐不够咸。"

"我让你爱人如己你爱了吗？"

"我爱，我尽力去爱。"

"我知道你为我的事工做了些事，也有心向未信的朋友传福音。可我特别感动你去传的几个人，你却一拖再拖，以至于他们没有机会听到我的福音。你为什么多次欠我的福音债呢？"

"啊，这你都知道？我确实努力了啊！"

"你虽然做了，但常常是凭着自己的兴趣爱好去做。如果你只爱你自己认为可爱的人，与那不信的人又有什么两样呢？"

"主啊，我知道自己最大的毛病是不顺服。自从跟随了您，我努力学习顺服。"

主说："我知道你已明白我是你真正的老板，每天观察着你的言行，但你对于我设立在你周围、让你学功课的人，心里口里却常有论断。你为什么忘了我说的'要彼此顺服'？忘了每一个人都是我的创造，都有我的荣光在其中呢？就拿你对配偶的态度来说吧，你常拿你认为的长处，去比你认为他的短处，常说不该说的话，常做他不喜悦的事。你是怎么尊重我为你设立的婚姻呢？"

"……"

"再说孝敬父母吧，你就做得更差了。你常说他们在地上的年岁不多了，心里为他们着急。可一遇到具体事，你却与他们顶撞，不仅没能把他们带到我的面前，反倒把他们推远了。他们至今不愿归于我的名下，你是有责任的。"

"主啊，这个责任太大了，我担当不起。他们不信，是因为几十年被无神论洗脑，中毒太深，不易顺服而已。"我急了。

主说："其实，你并未以我对你的慈爱去爱他们，反而自以为义地去论断他们，不听从他们，才使他们不愿回转。"

"那我该怎么办呢？"

"不要论断，只要去爱，真心去爱，就象我爱你一样。他们要就给，他们说就听。随时注意他们的需要，并伸出援助的手。你知道吗？正因为他们的时日不多了，我比你更着急、更担心呢！"

"阿们。"

"你知道在世上，我给你最大的财宝是什么吗？"

"原先不清楚，现在知道了，是孩子。"

"这许多年来你对孩子的亏欠要怎样弥补呢？"

"我要多关心她、爱护她，把她带到你面前，让她明白她的一切，来自于您的恩赐。让她爱您如至宝。"

"这些都对。只是你要牢牢记住：身教重于言教，你要作顺服敬虔的榜样。"

"我懂了。"

最后主说："你在地上的年岁还未满，不能在乐园久呆。回到地上去，继续努力传福音吧。别忘了我爱你，每天看顾着你，也每天等待着你在祷告中与我交通。从今后，不要再象以往一样，祷告常是三言两语或心不在焉。"

"我记住了。"

我的灵回到了我的肉身，继续我在地上的年岁，只是我不会忘记这次不在册的联想。

原载于《台福通讯》Vol. 32 No. 14，2001

"9·11"引发的思考

让我们在不知是哪一日见主面时,可以无愧地说:"那美好的仗我已经打过了,当跑的路我已经跑尽,所信的道我已经守住了。"

整整一周了,胸口仍如压着块铅似的沉重,人也觉得恍惚不宁。只想着从网上或电视新闻的播报中,得知更多有关"9·11"的后续情况,得知美国政府的决定,以及观看全国的悼念和祈祷聚会活动。

直想哭,又哭不出来。祷告问上帝,允许这事件发生的目的是什么?对我们基督徒的启示是什么?

团契的杜姐妹,不久前刚受洗,她的心愿,就是希望一位交往16年的好友,能早日认识耶稣。9月8日,她将一套福音录音带送给好友,请她认真听。谁知"9·11"

难以忘却的9·11

那天，好友去世贸 104 层上班，就再未回家。杜姐妹这几天悲痛欲绝，后悔自己为什么没有早点信主，没能早日向朋友传福音？现在她不能确定，朋友是否听了录音带，是否打开心门接受基督耶稣为个人的救主了？

我想起自己，多年前来美探亲信了主。回国后，有一天路遇曾经的同事护士小孙，她拉着我的手，像见到了自家姐姐，谈工作、谈男朋友，滔滔不绝。她工作安定，收入丰厚，男朋友也宠爱，可到末了，她却说，"没劲，没意思。"

我知道，她需要上帝的爱来填满内心的空洞，于是问她要了电话号码。几天后我想起她，想与她谈谈福音。拨打电话时才发现，她于匆忙中写漏了一个数字，而我，也没再做努力。

几个月后听朋友说，小孙的男朋友载着她，在高速公路上骑摩托出事了。小孙当场死亡，他的男朋友到医院后也死了。听到这个消息我止不住痛哭了一场，为小孙，更为自己的轻忽，沉重的心情像现在一样，持续了好长一段时间。

不久又听到二舅去世的噩耗，神的责备再次临到我。去南京参加二舅葬礼，得知二舅的邻居是基督徒，他们向卧病的二舅传了福音，二舅也清楚地信主了。二舅在末后的一段时间，每天读经祷告。听到这个消息，我愧疚心情才稍微舒缓。还有好几次类似的经历，圣灵提醒我要传福音给某个人，但因着自己的胆怯，也障于面子或怕被拒绝，而没有顺从圣灵的引导。结果，在参加这些亲友的追悼会时，更大的责备临到我，让我痛悔不已。

人的生命如此脆弱，我们常认为我们能控制这个、掌握那个，可是最最不能掌握的恰恰是自己的生命。这几天我心的沉重，源于人类自相残杀的悲哀，源于不知多少人没听过福音的遗憾，也源于身为基督徒使命的担子。

"神爱世人，甚至将他的独生子赐给他们，叫一切信他的不至灭亡，反得永生。"（约 3：16）科学已经证明耶稣这个人确实曾经存在过，并在世界一百位杰出人物中排名第一。然而，人们却不愿意花些时间，对这位被称为神子、与自己灵魂归宿有关系的人，作一番认真的研究；不愿认真去思考来这世上走一遭的意义所在；不去重建亚当夏娃割断的，与造物主之间的美好关系。这是一个多么令人遗憾和痛心的现象啊！

"9·11"事件，像重锤一样将人们从睡梦中敲醒，人们不仅看到，象征辉煌经济帝国的双塔楼如此不堪一击，看到正在通话的亲友瞬间失去生命，更看到，这世界上仍然存在着让人不可思议的邪恶。

9月13日是若歌教会祷告会，第一次见到容纳不下前来祷告的人们。9月15日周五是全国祈祷日，人们默默走进教堂。人们在问，上帝啊，您将怎样护佑您祝福的美国？我们用什么方法，才能更好地制服邪恶，声张正义，而不波及无辜？礼拜日，来教会的新朋友特别多，参加崇拜的人也特别多。久未出现的刘姐妹说，她亲眼看见第二架飞机撞击南楼，看见楼里的人被撞出来，而这些人，在自己还没明白是怎么回事时，便丧失了生命。当时她只有一个念头，就是：我要活下来，我要逃生。周日，她回到了教会，重新开始思考生命的可贵和意义。

事情发生了，许多人在问："上帝在哪里？上帝在哪里？"上帝是否要借着这件事让人们回归神？想起神？神的美意是不是要拯救更多的人？这时是人们心最软、心门最易打开的时期，也是每个基督徒责无旁贷，要大声疾呼传福音的时期。弟兄姐妹们，让我们把悲痛、把沉重化为力量，化为动力，在传扬福音上有份。让我们在不知是哪一日见主面时,可以无愧地说:"那美好的仗我已经打过了,当跑的路我已经跑尽,所信的道我已经守住了。"(提摩太后书 4:7)

原载《台福通讯》Vol. 32 No. 19,2001

惊险感恩节

我这段时间的祷告是：主啊，用你的方法摸他一把，让他知道生命的脆弱和不可预测吧！

早就约好，一家人于感恩节这天驱车去康州妹妹的新居聚会。老天不作美，一早就借雨丝拉上了蒙蒙的雾帘，原计划两个半小时的车程，还未开到一半，刚过纽约华盛顿大桥就用去了三个多小时。

高龄父母坐在我们车上，一惯稳重的先生在天色慢慢转暗之中，也不由得踩足了马力。母亲拨通手机给妹妹报了信："估计还有半个多小时我们就可以到了。"这时，我们的车从684的9E出口驶出，要上84号路了。说时迟，那时快，我们的车从这个斜坡出口驶下时突然失控，滑向左边的车道，向着车道下面的路基冲去。先生立即将方向盘转右，车又向右边的山壁冲去，先生再向左，车便直直冲过左边车道，下到路基，在泥泞的草地上打了个180度的圈停住。一股急刹车后的橡皮焦糊味泛起。

车上的四个人同时脑子一片空白，先生说，不知为何车突然失控，刹车也失灵。我们都很清楚，这是命悬一线的几秒钟，如果对面有车来，我们就全部报销了；如果后面有车跟，我们也没命了。静默无声几分钟，母亲赶紧给弟弟打电话，告诉他们在这个出口要格外小心,我则打 911 请求帮助。

没过几分种,一辆深蓝色的吉普车也从这一出口出来,也许司机没有踩刹车,也许汽车是四轮驱动,只见车直冲下来,冲到了路基下约一百米的地方停住,已经接近路基下面的另一条公路了。车上下来一位年轻妇女,我们过去问候她,车上载着她母亲和一岁左右的婴孩。年轻妇女摸着颈项上的金十字架,惊魂未定地说:"非常奇怪,汽车突然失控。"我说,是上帝保佑了我们,对吧?她直点头。

我们发现路基下这片草地坑坑洼洼,草被压得东倒西歪,密度也比十米以外的坡面明显稀疏。草地上还见许多碎车胎,汽车零部件等残骸。原来这是个死亡之谷,我们并不是唯一的受害者。

一辆大客车见我们出事,停在了公路边,司机大声向我们喊话,问是否需要帮助。他还主动帮我们再打 911,直等到有警察到场才离去。这其间有另外三辆路过的车也停下来问我们是否需要帮助,相信这些人都是匆匆赶往某地,去参加感恩节聚会。美国人助人为乐的精神令人感动。

不一会儿,警车到了,车上下来两个高挑英俊的年轻警察,一位白人,一位棕色皮肤,像南美人。他们都穿着棕褐色的警服,戴着牛仔帽,让我立即想到《断背山》中的主角。

棕色皮肤的小伙子来到我们车前,让先生发动车子,车子的右前轮在泥浆里打滑,车身一点动弹不得。小伙子对我们说,这种情况需要拖车帮忙,他帮我们打了电话,让我们等待。

两位警察开着警车去帮助吉普车了。吉普车可以顺利开动,警车带着吉普车往路基下面的公路开去。警车打开警灯上到公路停下来,一位警察下车,拦住往前开的车辆。另一位警察开着闪灯警车，以之字形在双车道上行驶，对面的车远远见到也停下。来往车道上大约有上百辆车汽车被拦，夜幕降临的傍晚，两条长长的车队犹如灿烂的荧光河，非常壮观。警察指挥吉普车开上公路，年轻女子仿佛享受着女皇的待遇。

警车打了个 U-TUNE，回到我们这里，这回是白人小伙子下车来，向观看场景的我们走来，劝我们回到车里。第一次棕色皮肤的小伙子让我们回到车里，我就有不安的预感。我对父母说，如果再有车打滑冲下来，我们可能会束手待毙。所以，警察去帮助吉普车时，我们就全部下车了。这次白人小伙子再次叫我们回到车里，我就向他呈明我的顾虑。白人警察却说，如果你们坐在车里，若有车滑下来，是伤到车而不会伤到人，若你们站在路边，车就有可能伤到你们。他的话音还没落，突然听得"嘭"的一声，第三辆打滑的车撞上了停在路基边的警车，警车被撞下路基，转了 90 度，打滑的那辆灰色车弹出去几米远。我想下车去看看警车里的小伙子是否受伤，又想去后备箱拿照相机，都被父母喝止了。

不一会儿，一辆辆车闪着灯开过来，其中有救护车和拖车，数了一下共有九辆闪灯的车。除拖车外，下来的人都向被撞的警车围去。我看见，三五个人协力挪动车里的警察，旁边有担架推车候着，那位棕色皮肤的警察一定是受伤了。他与我们最后的对话是，我们说："This is a very dangerous area." 他说："I know." 拖车把我们拖上路面，我们离开了。我们知道再也见不到受伤的棕色皮肤警员了，甚至不知道他姓啥名啥，连个感谢信都寄不出去。

不知为何，出事后我竟然没有惧怕，只是想了很多：

1. 下坡急刹车时，我们的车在两车道的路上呈之字形打滑，如同坐在儿童碰碰车上，这时，只要后面有一辆行驶的车撞上来，后果不堪设想。

2. 如果我们的车冲下路基后翻滚，坐在后排的高龄父母不知会发生什么状况。

3. 警车第一次停在离我们比较近的车道旁，去帮助完吉普车后才停在转弯出口打滑处与我们的车之间。若他们不需要帮助吉普车就不会挪动停车位置，这样的话，被撞的就是我们的车而不是他们的车。

4. 警车为我们挡住了冲向我们的车，警察受伤了，我们安全无恙，更让我深刻体会"代罚"和"救赎"的意义。

我想，前后十几分钟，三辆车打滑冲到路基斜坡，看着路基的情况和散落在地面上的汽车残骸，可以肯定这是个鬼门关。在这有惊无险的事件中，我们实在应该感谢上帝的保守。

我问先生，在鬼门关前走过一趟有何感想，是不是该信主了？因为他曾说，只要上帝摸他一把，他就信。而我这段时间的祷告是：主啊，用你的方法摸他一把，让他知道生命的脆弱和不可预测吧！

我在心里为受伤的警员祈祷，求神亲自看顾保守，让他早日康复。也希望该地区的公路维修部门能重视起来，不要再让无辜的人受伤。我为蓝色吉普车上的祖孙三代祈祷，感谢主保护了她们，也祈求第三辆打滑车上的人，没有受伤或伤得不重。

感恩节的灯火依然通明，火鸡的香味带着温暖充溢着家家户户，在这个特别的日子，我的心中生出更多、更深切的感恩！

写于 2006 年 11 月 25 日

永恒的花圃

她知道那是一个永恒的花圃，是个极美的世界，但愿这个花圃常在她心中，也常在她爱的人们心中。

晓玉是个奇怪的人，她亲口对我说，生病不会令她忧愁。昨晚她打电话告诉我，这两天身体不适在家休假，说是又经历了一次甜甜美美的安息。听她那口气啊，我可以想象得到她有多满足。

晓玉40多岁，孩子也十几岁了，可她仍然爱幻想，爱做梦，尤其她说的一些话，让人听了觉得奇怪、不合常理。

比如说，七、八年前她生了一场大病动了手术，术后第三天我去病房探望她。当时她脸色苍白，身体虚弱，可脸上的笑容却格外纯、格外甜。她非拉着我，听她讲那起死回生的经历。我耐着性子足足陪了她三小时，听她把那奇奇怪怪的故事讲完。

她说，手术前的晚上，她因心疼先生多日陪护太疲惫，硬赶他回家休息，而同病室的两个病友也于当日出院。走廊尽头的病房，只剩晓玉一个人。

医生诊断晓玉为流产型宫外孕，经过一周的保守治疗，没见效。半夜时分，护士监测发现她的血压下降了，问，痛得厉害吗？要不要叫医生？晓玉就是本院大夫，她知道当晚值班的住院医生，是刚刚大学毕业分配来的新医生。若叫她，必定要惊动一串上级医生，而最后的结果就是紧急手术。可先生不在身边，按医院规定，没有家属在"手术意外同意书"上签字，是不能动手术的。这样的话，还得让人去通知先生。晓玉想，这么一折腾还不都天亮了？就对护士说，观察观察再说吧。

没想到，护士刚走，晓玉就开始剧烈腹痛，痛得她使劲用枕头顶着腹部，一身冷汗湿透了衣服。想喊想叫，却觉得喉咙干、嗓子哑。渐渐地，力不从心的晓玉，进入一种恍惚状态。

她说，见到七只污鬼向她嚎叫着扑来，把她按倒在一辆推车上。那些污鬼行动很默契，把她搬到一辆推病人的推车上，两个按腿，两个按手，两个按肩，那头目则抓住晓玉的头发，使劲把她那悬在推车边沿的头往下拽，造成极度后仰而无法呼吸的状态。晓玉在心里默念了声"完了"，就失去了知觉。晓玉告诉我，当她后来看电影《人鬼情未了》，见到里面的污鬼时，惊吓得几乎跳起来，因为与她看到的一模一样。

第二天，太阳升起时，晓玉居然醒了过来。说到这儿，晓玉眼中闪烁着奇异的光。她继续说："奇怪，真是奇怪，我还以为那些污鬼把我拖去了极黑、极可怕的世界，再也回不来了呢！"她说，从此以后，她确信，除肉眼能看见的这个世界，还有一个肉眼所无法见

死而复生的我（1993年4月）

到的灵秘世界。

晓玉还说，她只觉得自己现在的命是捡回来的。她好意外，好高兴，心里特别感恩。

那次大病后，晓玉元气大伤，外表看起来简直苍老了十岁。然而，晓玉的心却好像一天比一天年轻。她常对我说："人生在世，生命真是又短暂、又脆弱，谁都不能保证明天会发生什么事。最好的办法就是，把每一天当最后一天来过，当我离开这个世界的时，就不会后悔，也不会有太多放不下的事情。"

晓玉似乎有用不完的精力，似乎对什么都感兴趣。以往放不下的恩恩怨怨也放下了，以前挺追求名利的心几乎也死了。对人、对事、对世界的看法发生了变化，她也变得更加平易近人、善解人意了。总之，在她眼中，什么都是可爱的，什么都是光明的。

有一段时间没接到晓玉的电话了，昨晚她又打来电话，如我所料，她又生病了。每当她奔波、劳累一阵子，就会病一场。大手术后，她的体质明显不如以前了。

奇怪的是，她总说她喜欢生病，因为生病，才有最充分的理由躺在床上不干活，而躺在床上正是反省近期所作所为、整理思绪的好机会。

她还说，生病就好像长途跋涉的骆驼到了驿站，心、身、灵得到一种格外的安息。在病假中，她就有时间去联络疏于联络的朋友，有时间读想读的书，有时间完成一些开了头，却未完成的稿子。

她告诉我，昨日在家休息时，做了一个好美好美的梦，她梦见自己躺着的床，变成了阿拉丁的飞毯，载着她飘起来。穿过一条长长的黑隧道，眼前豁然开朗，她进到了一个花圃，满园都是各色的鲜花。许多天使和姑娘、妇人在采花和嬉戏，美妙的音乐沁人心脾。园子里的人见了晓玉，好像彼此早已认识，都明白对方是谁，在想什么，只需以眼神会意。她们之间也不存在隔膜和嫉恨，一切都是那么地祥和而自然。

晓玉说，这种体验是心灵大释放，简直让她流连忘返。听着她的讲述，我也好像被感染了。

晓玉最后说，她知道那是一个永恒的花圃，是个极美的世界，但愿这个花圃常在她心中，也常在她爱的人们心中。

原载于《使者》杂志第45卷，NO.2，2002

谁知明天

生命真是太短暂太脆弱，短得许多事情想做都来不及做。

初春的早晨，新州的积雪尚未融尽，大地也未从冬眠中完全甦醒。我拖着疲惫的身子朝实验室走去，起床时就觉得头重，本想拿一天假，却又想到自己这朝九晚五的工作，不知要比在衣厂、餐馆的打工族好上多少倍，哪有不珍惜的理由？就这么一路想着想着跨入了实验室。

"You need a vacation."（你需要休假了。）美国同事迈克的声音，把我从沉思中惊醒。他先我一步到达实验室，准是我惨不忍睹的倦容让他动了恻隐之心。

我朝他笑笑，以示感谢他的关心："我是考虑八月份休假，全家去旅游。"

"No, you need a vacation right now."（不，你现在就需要休假。）迈克坚持地说。

"那么，我就提前在女儿春假时休一周吧。"我似乎也觉得自己需要喘息，捱不到暑假了。

"Why do you have to wait for your daughter's spring break? She is old enough to stay home alone."（为什么要等到女儿放春假？她已经达到政府允许的，单独在家的年龄了啊。）迈克更

加不解了，他接着说："我说的休假是你与你先生俩人的休假。利用一个周末，或是干脆拿几天假，去海边或去好玩的地方，反正是去你们想去的地方，住在旅馆里，什么事也不操心，什么事也不做，Just relax, just enjoy your life."（只是休闲，只是享受生活。）

我心想："怎么可能？"嘴里却说："我们中国人的休假，最上乘的是有足够的钱，全家一起去旅游，否则就待在家中，整理整理内务，最多睡几个懒觉而已。"

迈克奇怪地睁大了眼睛："那叫什么休假？根本没法完全放松啊。我说的休假是与自己的配偶在一块，花时间，花钱，完全放松，去欣赏大自然、去享受生活。"

迈克接着又说，去年一年他就与太太去海边四次度周末，这种休假还不包括去其他地方度正式的年假。他说："我们开车去海边要好几个小时，而你去海边才四十五分钟车程，为什么不去？"那口气好像是说：我住在新州，不去海边简直就是浪费资源！

其实我们中国人就是与美国人不同，自从有了孩子，就如套上了一根锁链，心都被孩子分去了一大半，什么事还不是先孩子后自己？老公也常常成了二等公民，年复一年地为孩子当车夫、当保卫、当厨子、当银行，还乐滋滋的。偶尔孩子忘了给家里打电话，告知会晚归，我们做父母的，就会像丢了魂似地<u>坐立不安</u>。

"谁知明天，"迈克又开了腔，"美国每年死于车祸的人超过四万，受伤者超过十万，还不包括其他天灾人祸和生老病死呢。谁能预测明天的事呢？生命太短暂也太脆弱，趁着现在享受生活、享受大自然吧！"

其实，我与先生并不是没有做过享受梦，比如退休后我们要买一辆住房拖车（Mobile Home），开到哪儿玩到哪儿，我想跑遍美国 50 个州。我们要去欧洲旅行，此生我还一定要去一趟耶路撒冷。除此之外，我还有庞大的阅读、写作计划。反正退休后想干什么就可以干什么，要多自由有多自由，太美了。

我沉浸在美好的向往中，好一阵子才回过神来。不知怎地，竟想起一位酷爱读书的亲戚，收藏了一大书橱书，说是退休后可把这些好书和名著好好读读。谁料想，他还远没到退休年龄，就因病离开了人世。也许我也活不到退休，也许我活到了退休，却没有体力去旅行。也许到那时要带外孙脱不了身，或许囊中羞涩，哪儿都去不了……

生命真是太短暂太脆弱，短得许多事情想做都来不及做。可不，对于我和先生来说，转眼就年过半百了。想起在哪本书上看到过这么一段话："生活中应该有两个目标，第一，要尽努力得到你想要得到的；第二，在得到了想得到的之后，能够享受它。"还说，"只有聪明人才会去实现第二个目标。"

如今我们有生命、有时间、有体力，是不是充分珍惜和享受了呢？谁能知道自己在这世界上还有几个春秋呢，我们如今能做的、有意义的事又是什么呢？

看来我得改变观念，要好好与先生商量商量，看看是否从今天起就做个聪明人，从今年起就开始我们夫妻单独的、住旅馆的 vacation！

原载于《亚美时报》，Oct. 8，2004

容我本相

随着我们一天天长大成熟，会越来越看到宇宙的浩瀚和自己的渺小；看到造物主的智慧和自己的浅薄；看到神的博爱、宽容和自己的狭隘、污浊。

> 我以主的爱真诚来爱你
> 我以主的爱真诚来爱你
> 因为在你里面有神的荣光
> 我以主的爱真诚来爱你

一首短歌，唱出了爱的真谛，也唱出了爱的源头。歌词表达了在主的爱里，我们完全地被接纳，以至于我们有能力去接纳别人。近来我常想：一个人如果不被接纳，他就不会感觉到被爱，一个人若不接纳别人，他就无法去爱别人。

我们常常会犯这样一个错误：用自己的长处去比别人的短处，或用别人的长处来比自己的短处。

记得我刚进入工作岗位时，一位处得不错的高年资医师，因具有领导才能，40岁不到便被提拔到副院长位置，由她负责的部门，经她大胆管理和领导有方，不久就为医院带来效益。我们从心里佩服她的精明能干，然而，有一天她竟对我说，自己这一辈子最遗憾的有两件事，一是个子太矮，二是字写得不漂亮。

见过一篇报导，说是再出名、再漂亮的女电影明星，被问到对于自己是否全然满意时，都会告诉你，身体的某个部位是她终生的遗憾和烦恼。

还有一些人，在别人眼中已是幸运儿中的幸运儿了，可她们还认为自己是世界上最最不幸的人，总是去羡慕别人的工作、身份、收入等等。

不能照本相接纳自己，常常是我们烦恼、自卑、嫉妒的根源，更是不知感恩的症结所在。

与此同时，我们也常爱用自己的长处，去比别人的短处。比如我们学历、学位较高，会看不起学历不高或没有学历的人；我们对事物有一定的见解，会惊讶别人的单纯和无知；夫妻之间的争执、分歧，不也是认为自己比对方高明、各持己见而引起的吗？

我观察周围的年轻人或 teenager，发现他们常常爱用"stupid"这个词。翻译过来是蠢、笨的意思，他们在说出这个词的同时，常带着厌恶和轻蔑的表情，也不难在某些 teenager 眼中发现集鄙视、傲慢和不耐烦于一体的眼神，或许，他们自己都不觉察自己会有这种眼神。曾经看过一篇文章说，十几岁、二十几岁的孩子常觉得父母很落伍、很啰嗦，直到自己成为父母亲后，才知道当年的自己，是多么地不知天高地厚。

从父母方面来说，我们也常常会自觉不自觉地，将自己的孩子与别人的孩子作比较，或从学习上，或从能力上，这样无形就给孩子施加了压力。不能照本相接纳别人是骄傲、自满、无法爱人、尊重人的症结所在。

我常想：上帝真是公平，祂不让任何一个人十全十美，也不让任何一个人十缺十丑。就拿世界上的人种来说吧，黑种人皮肤最细腻，但由于肤色的原因，影响了五官的清晰度；黄种人最不显老，但身材比例不是最好；白种人有光彩照人的魅力，却是皮肤最粗糙，也最易衰老的人群。

随着我们一天天长大成熟，会越来越看到宇宙的浩瀚和自己的渺小；看到造物主的智慧和自己的浅薄；看到神的博爱、宽容和自己的狭隘、污浊。如果我们对人对己调整视角去看，我们会发现，神给我们每一个人与众不同的特长和恩赐，不论是长相、智慧，还是能力。就如有的人有领导才能，有的人会关心人，有的人常有为仆的心，默默无闻地服事教会，服侍众弟兄姊妹。

上帝也给我们每个人一些弱点和盲点，好叫我们不时发现自己的软弱和浅薄，并寻求帮助，好让我们没有值得自夸、炫耀的资本。我们若把这一切都看成是神的计划，神的美意，我们就不仅能照本相接纳自己，不隐藏自己，也能照本相接纳他人，宽容他人的过失和软弱。我们还会从心底里生出许多感恩、许多爱来，因为是神先爱了我们。"基督在我们还做罪人的时候为我们死，神的爱就在此向我们显明了"（罗5：8）。

神就是那爱的源头，神就是这样无条件地接纳了你、我，我们为什么还不能接纳别人，或担心不被别人接纳呢？

原载于《新机》杂志创刊号，2002年9月

信主前后的我

救主耶稣不就是我寻寻觅觅要找的神吗？我终于遇见了！

信主前，我是一个非常骄傲的人。那时，我是医院里第一位内分泌主治医生，因为开创了专科门诊，建立了内分泌诊疗系统，专科病患的医治水平明显提高。当时，各科室与内分泌有关的病例，都由我会诊给出治疗方案。我还拿到了铁路分局最高一等的科研经费，领导科研小组展开工作。在 1992 年全国铁路系统内分泌会议上，我的三篇论文获得铁道部卫生司二等奖和三等奖，因此被推选为铁路系统内分泌协会最年轻的常委。

医院领导说，许芸的业务能力很强，就是太骄傲了。这个意见传到我耳朵里，我不以为然地说："骄傲是需要有资本的。"可见那时的我，多么不知天高地厚。

然而，当我面对那些失明、肾衰、截肢，甚至失去生命的糖尿病人，却深深感到回天乏术。有一位糖尿病患者，在生病的几年中不忌口，每次劝他，他都说："我不怕死，我走南闯北，想去的地方去过了，想吃美食的吃过了。就连孙子的房子我都给他准备好了，我还有什么遗憾？现在不让我吃这个，不让我吃那个，我还不如不活了。"

后来这位病人肾衰尿毒症，每周要做几次透析，临终发生尿毒症昏迷。在抢救过程中他间歇性清醒，见到我在病床边，拼尽力气紧紧抓着我的手臂喊："许医生救救我、救救我，我不想死！我不要死！"这时的他，完全没有了之前的自信和不以为然。从他惊恐的眼神中，我第一次感觉到"死亡不是一件油尽灯灭的简单事情"。于是，我开始思考和探索生命的问题，我相信，除了我们肉眼看得见的世界，一定还有一个肉眼看不到的灵秘世界。于是，我开始对于一切超自然的事物，和预测未来的灵秘方法，都产生了浓厚兴趣。我研究过看相、算命、血型、星象、骨重，读过《易经》，也抽过签，拜过菩萨。先生说，那时的我就像个"无头苍蝇"，生命没有方向。

1993年4月，我经历了宫外孕出血的险境，住院保守治疗的过程中发生大出血，剧烈腹痛、血压下降，弥留之际，我被七个污鬼拖去一个非常非常黑暗的地方。当时心里默念一句：完了！就什么都不知道了。

然而，第二天我却奇迹般地醒了，医生立即给我动了手术。这次经历让我感觉到生命是捡回来的，同时我更加确信，死亡不是一件简单的事情。肉体死亡来临时，人真的是非常脆弱、毫无选择。我相信人有灵魂，而且灵魂有个去处，也相信在世上，有更值得花时间和精力去探索的生命意义和生命价值。

不久后，我来到美国探亲。第一次走进教堂，就是与家人一起，去长岛参加弟弟的受洗典礼。那天教会牧师要为六位弟兄姊妹受洗，受洗前弟兄姐妹要做见证。见证中，弟兄姐妹讲述了自己的人生经历，讲述如何接触到基督教信仰，经过多年学习和思考，真正认识了上帝，并接受耶稣基督为个人的救主。在诗歌敬拜和弟兄姐妹的见证中，已经许多年不曾流泪的我，居然哭得稀里哗啦，好几个小时都止不住泪。哭后，整个人感觉轻松了许多。

回到新州，我联系了当地教会，请姊妹们每周带我去做礼拜、参加教会活动和团契的查经班。在一次聆听弟兄姊妹的受洗见证时，我突然受感动，也豁然开朗：救主耶稣不就是我寻寻觅觅要找的神吗？我终于遇见了！我坐不住了，见证会后立即找到牧师要求受洗。就这样，我在踏上美国的第四十天受洗成为基督徒。这之前，我一直想不通，为什么我会从死亡的边缘清醒过来？后来读到《圣经》箴言的11章21节的一句——"义人的后裔必得拯救"才明白，原来上帝是看在他的仆人、我那当牧师的祖父面上，眷顾了我。

信主之后，我的喜乐从天而降，对神的话语和智慧非常渴慕，每天读经祷告。神的话语，像利剑刺透我的心思意念，让我看到自己许许多多可恨的缺点（罪），以及对先生、孩子的亏欠。神更赐给我力量，修复与先生、孩子的关系，追求圣洁美好的生活。

信主二十多年来，神一路带领保守我，让我越来越明白神创造我的本意：祂赐给我聪明才智，不是让我用来骄傲的，而是让我来荣耀上

受洗归主（1993年11月14日）

帝、做神传播爱的管道。同时，我知道灵魂不死，耶稣的宝血救赎了我，将来我会去光明而美好的天堂。有了这样的确据，无论在什么境况，我心里都有平安和喜乐。

二十多年来，我经历了被神挪走骄傲资本的"破碎"阶段；经历了"逢人必传"，人称"走火入魔"的阶段；经历了举着圣经大棒敲先生、敲孩子、敲周围人的"马列主义老太太"阶段；经历了参与事工"奋不顾身"的阶段；也经历了被误解、被伤害的沮丧时期。然而，在这些过程中，如果我只在人的层面打转，常常会失望，而每当抬起头来看耶稣基督，就体会到神无边的大爱和包容，也逐步认识到自己的渺小和狭隘。我深信无论我们处于何种状态，只要信靠神，祂就会不断地启示我们、引导我们，祂的爱永不变，祂从不离弃我们。

最后，我用一段非常喜欢的圣经与大家共勉，"因为我深信无论是死、是生、是天使、是掌权的、是有能的、是现在的事、是将来的事、是高处的、是低处的、是别的受造之物，都不能叫我们与神的爱隔绝，这爱是在我们的主基督耶稣里的。"（罗马书8：38-39）

写于2015年4月9日，修订于2020年3月

在我父家中

神的恩惠和慈爱如活水的江河，不断浇灌洁净我们，让我们走出自私自利的小圈子，让我们谦卑柔和。

在父的家中，丰丰富富，衣食无忧，有慈爱又温暖。离开父家，缺这少那，捉襟见肘，相形之下，天壤之别。

几年前我们举家移民到美国投靠父母，开始了新的生活，新的转折。营造了十几年的家，浓缩成几件行李，一天之内从地球的一边到了另一边，一切从零开始。过去的经验，以往的学历，尤其是听、说、读、写能力大大地打了折扣。立足、安顿、适应新环境、找到合适的工作等等，这一切对于已过不惑之年的我们来说实非易事。好在父母弟妹及亲友们给我们提供了衣、食、住、行等各方面的帮助和支持，尤其是在身心的调适上，给予我们诸多的安慰和指导，让我们享受到浓浓的亲情。

几个月后，我们顺利地学会了开车，找到了工作，基本适应了日常的生活。又过了一段时间，我们工作稳定，收入固定，也有能力自立门户了，于是我们从父母家迁出，花了整整一个月，才把新家安顿下来。在搬迁过程中，我们真正体会到了离开父家的滋味——缺这少那。油盐酱醋、锅碗瓢勺、日用家电等等，今天缺这个，明日少那个，感觉要什么没什么，除了工作，就是忙着奔波、采购。

以上光景，其实也是我自己的属灵经历和光景。认识主之前，生活是盲目的，只知道追求事业的成功，自我价值的实现，很少去思考生命的真正意义。只知道一个人的社会价值，是以从事的职业、职务的高低、收入的厚薄来衡量。为了得到社会的认可和人们的尊重，不惜耗尽心血和精力，追求升迁和成功，并以此为满足和骄傲的资本。随着职位愈升愈高、钱赚得愈来愈多，生活的轮子也愈转愈快。然而，我发现在获得财富与荣誉的同时，愈来愈没有时间，没有自由，失去了平衡和安全感。

同时也发现，自己的面具会越戴越厚，心胸变得狭隘，常常患得患失。害怕时间的流逝和衰老的临近，更害怕耗费心血赚来的一切会在瞬间失去。因此，感觉路越走越窄，人越活越累。

这些都是我在大陆行医十几年的切身体会，直至我来到美国认识了天父，来到了父神的家中，才感受到从未有过的平安、喜乐、踏实和温暖。灵里的需要得到了饱足，不再为眼前的利益患得患失、斤斤计较，也不再感觉缺这少那，因为我们明白了人生的真正目的和价值就是"荣神益人"，是去实践圣经说的"尽心、尽性、尽意爱主我们的神，并爱人如己"。

神的恩惠和慈爱如活水的江河，不断浇灌洁净我们，让我们走出自私自利的小圈子，让我们谦卑柔和，常怀一颗感恩的心，也真诚地去爱我们周围的人。

我常常感到神"用油膏了我的头，使我的福杯满溢。(诗23：5)"，所以我从心底呼出：在父的家中真好！

原载于《台福通讯》第32卷，2001年第11期

一件大衣

这大衣为我御风寒，暖我心身和肺腑，更暖化了我冷冻的心，暖醒了我行将泯灭的良知。

2000年感恩节，团契举办感恩聚餐会。当我打开衣柜，准备取一件挡风大衣时，那件虽不起眼、却让我情有独钟的大衣就在眼前。

已经是七年前的事了，那时我带着女儿来美国探亲，与父母、弟弟妹妹和姑姑一家团聚。对美国的一切感觉新鲜，也满怀着憧憬和好奇，尤其是基督教的奥秘牢牢吸引着我。我找到了当地教会，就有一位姐妹联系我，说要带我去一个附近的团契参加查经班。

查经班设在一位主内弟兄姐妹家里，进门后只听弟兄姊妹们互相低声询问："谁认识她？""谁带她来的？""她是主内姊妹，还是慕道友？"带我来的姐妹答："我接到电话去接她，但我不认识她。"

问答声淹没在渐起的音乐中，我的窘迫也消失在优美的诗歌里。记得当晚唱的一首诗歌是《如鹿切慕溪水》——"神啊，我的心切慕你，如鹿渴慕溪水。惟有你是我心所爱，我渴慕来敬拜你。你是我的力量盾牌，我灵单单降服于你；惟有你是我心所爱，我渴慕来敬拜你。"优美的旋律，亲切的歌词，一下子就把我的心融化了。接下来弟兄姊妹情真意切的祈祷，让我看到了一颗颗敞开的心。自我介绍时大家亲切地问候我，更让我突然有了一种归家的感觉，我很快就被团契的朋友们接纳了。

打那以后，团契主席及夫人常常打电话关心我，询问我在美有何打算，给我一些信息，也提醒要注意的事项。他们周到地安排弟兄姊妹接送我，让我能参加每周五晚上的查经班和周日教会的主日崇拜。不仅如此，他们还拨出许多时间，耐心解答我一次又一次的提问，包容我一次又一次的打扰，陪我们去办理诸如孩子打预防针之类的琐事。我也参加团契祷告会，为有需要的家庭禁食祷告。

细心的团契主席夫人注意到，来自广州的我不谙美国严冬的寒冷，未准备御寒的大衣。有次团契聚会结束，她悄悄把我叫到楼下，从衣橱中取出一件全羊毛呢大衣让我试穿，我一穿正好合身。只听她说："这是给妳准备的。"看着我错愕的表情，她又笑着说："上帝有预备，祂不会让我们缺乏。"我感动得不知说什么好。在轰轰烈烈文化大革命烈火中成长的我，心灵早已被"怀疑一切、打倒一切"充塞，也早已在"不斗则垮、不斗则修"的运动中裹上了防御的盔甲，怎敢相信这不是亲人胜似亲人的温情？这大衣为我御风寒，暖我心身和肺腑，更暖化了我冷冻的心，暖醒了我行将泯灭的良知。

今晚，穿上大衣参加感恩节聚会，心中再次涌出许许多多感恩：感谢上帝带我进入教会这个温暖的大家庭，感谢上帝给了我新生命，感谢上帝给了我一切！

原载于《台福通讯》第32卷，2001年第6期

爱哭新悟

原来我的一切都是主造就安排的，都有他的美意在其中。如果我能用眼泪软化刚硬的心，用眼泪扩展他的国度，那不是我一生中最大的荣幸吗？

我自幼爱哭，也一直认为这是最让我羞愧的缺点。小时候爸妈骂我，我哭；小朋友欺负，我哭；大些时候，考试不理想，我哭；没评上优秀学生，我哭；工作后受气、受委屈，我仍然哭。尤其讨厌的是，每当哭过，我必定眼睛红肿好几天，周围人尽皆知。我妈也常说我眼泪不值钱，没出息。

近几年在国内，工作、生活、家庭、事业一帆风顺，几乎没什么让我烦心落泪的事。我也自以为成熟了，流泪的弱点克服了。谁知，来美三个多月，流泪的次数比在国内七、八年来的总和还多。

直到不久前，我参加福音营，才对自己这可恨的弱点有了新认识。

福音营的最后一日，专门为受感动的弟兄姐妹安排了时间。听着他们的见证，我心中涌动着阵阵热流，化作断线的泪珠，更有那不能自控想分享的逼迫感，我终于迈上了讲台，可一上台，便泪匣大开，思想也如同脱缰野马无法控制。我真不知自己是怎样失态地倒完那满腔肺腑之言的。

会后不少兄弟姐妹找到我，有一位姐妹对我说："十年前离国时，曾洒过一把乡愁泪，今天是第二把泪。你说出了我的心里话。"还有一位弟兄说，"你有属灵的恩赐，见证很有感染力。感谢主！"我这才发现，我的流泪失态并未遭人耻笑。突然有一个意念进到我的脑子——神不会制造废物！原来我的一切都是主造就安排的，都有他的美意在其中。如果我能用眼泪软化刚硬的心，用眼泪扩展他的国度，那不是我一生中最大的荣幸吗？

原载于《台福通讯》第 32 卷，2001 年第 7 期

现今的机会

切莫一次又一次轻忽自己神儿女的身份，以至于一次又一次被圣灵责备。

为何近日又想起她——飞机上邂逅的女孩？

三月初，我专程飞往拉斯维加斯（Las Vegas）参加大学同学聚会。许多同学是毕业后 20 多年从未谋面，大家相聚在一起，全然不觉已经是奔 50 的年龄，笑啊、闹啊、唱啊、跳啊，那热烈兴奋的场面不言而喻，几天下来精疲力竭。

没有不散的宴席，依依惜别后我搭乘通宵航班返新州。拖着疲惫的身子，总算找到自己的座位坐定。邻座是一位眉目清秀的亚裔女孩，正用流利的英语与前后左右的同机旅客打招呼，一看就知她热情活泼，心想，但愿她话别太多，让我好好休息一下。我系上安全带，长长吁了一口气，正准备闭眼，女孩把头侧向我，问："Chinese?"我点点头。她立即用中文与我寒暄，我有气无力地应对着，女孩见我无兴交谈，沉默了。

我在昏昏沉沉半睡半醒中，感觉到女孩总在叹气，而且常常辗转调换坐姿，非常明显地传达出内心烦乱的信息。我睁眼观察她假寐的脸庞，只见她眉宇紧锁，面容沉重，看来她一定有心事。然而，夜已深，机舱内已熄灯，不便交谈了。这时我倒不安起来，猜测是什么事情让她烦恼，寻思着什么时候才有机会与她聊聊,这不安的感觉让我再也无法入睡。

直到机舱里亮起灯,广播员通知飞机快到目的地了,我才与女孩聊起来。她的话匣子一下子打开了:她大学一毕业就出国来读研究院,获得了工商管理学硕士学位。她在纽约找到一份很不错的工作,现在已经是两个孩子的母亲。大孩子四岁,小的刚满一岁。这时她话锋一转说,几个月前她已经辞职,因为先生决定回国发展。她很不情愿放下安定的生活和喜欢的工作,纠结了好长一段时间才同意与先生一道回国。她说,这次出门是一个人出来散心的。她去洛杉矶见了同学、朋友,又到Las Vegas玩了两天。"谁知越散心感觉越累。"她叹了口气,显得很无奈。

我不知怎样安慰她,只好说,"回国发展也好,你还年轻,有前途。"她边叹气边摇头,说:"适应不了,为准备回国,我辞去工作回国住了两个月,一点都不适应,人际关系太复杂。"她接着说:"都怪自己结婚太早,现在为了孩子,不得不跟着先生回去,没办法的事。"说着又叹起气来。

这时乘客已经开始下飞机了。我知道,已经没时间多聊了,我也失去了向她传讲耶稣救恩的机会,心里自责起来。我望着她,搜索了半天也不知哪句话能安慰她。最后我说:"一切都会好起来的,回国后,找找教会吧。"她很认真地看着我,过了一会儿,郑重地点了点头。我给了她一个结实拥抱,想以此传递出我想对她说的话,以及对她深深的歉意。

她说回国的日期就在近日,不知她一切是否顺利。我后悔当时没问她姓名,没有要她的电话号码。为什么我让疲累战胜了自己?失去了一次向人传讲福音的机会,圣灵的责备再次临到我。

记得 1993 年来美探亲信了主,回国后遇见一位原单位同事,拉着我的手倾诉,当时自己心里也有感动要向她传福音,但一拖再拖,几个月后便传来她车祸身亡的消息。还有一位同事的弟弟患了脑瘤,我也曾有感动要向他传福音,但担心唐突没有行动。半年后,参加了他的追悼会。追悼会上同事哭得死去活来,而我则被圣灵责备、流下忏悔的眼泪。

多年前,一位师母送给我一节经文:"焉知你得了王后的位分,不是为现今的机会吗?"(以斯帖 4:14)。这节经文常常提醒着我,而我却一次又一次,轻忽自己神儿女的身份,以至于一次又一次被圣灵责备。

分享这个故事,提醒弟兄姐妹们不要错过神放在我们身边的机会,当有一天我们见主面时,才能无愧地说:"主啊,我珍惜了你给我们的身份和机会,没有空手来见你。"

原载于《键咏若歌》,2008 年 9 月

清尘、清仓、清箱与清心

若心里的空间都被灰尘、垃圾、欲望、杂念塞满,我们哪还有时间和心思去亲近神?去想"上面的事情"?

2008年下半年,金融飓风横扫美国,200多万个职位随"风"而去,我们家的节衣缩食计划也不得不提到议事日程。西方传统的圣诞节前大购物,中国传统的春节前大扫除,落实到我们家,就变成了家庭的翻箱倒柜大清仓、大扫除。

买房五年,地毯从未清洗过。租来地毯清洗机,移床挪柜,洗出了几桶黑尘水。通风管道从未清理过,请人帮忙彻底除尘。烘干机的管道也积尘甚多,买一个二十元的小设备,自己动手,清尘后节省能源又提高效率。灰尘被"请"出家门后,立即感觉神清气爽。

接下来是清抽屉。这才发现乱七八糟的东西太多,弃之可惜,留之无用。杂乱的缘由是,平时收拾图快,或者是有朋友临时造访,随手把桌面的东西往抽屉里塞。我一边清理一边想:"一个不整洁的家,进门就会被客人发现;而一个看上去整洁的家,如果抽屉不整洁,算不算真整洁?""上帝看人是看内心而不是看外表,抽屉是不是有点像人的内心?"思考的结果是:即使不能保证抽屉天天整洁,常常清理,也可以及时将一些"垃圾"清理出局。

再下来是清理冰箱和厨房壁柜。冰箱基本是满的，说明我们还在"富人"之列。冷冻柜里，居然有我一年前买的冻鱿鱼；被挤在角落里的瘦肉已经变色；冰箱门架上拥塞的瓶瓶罐罐，不少已经过期或变质。扔这些瓶罐时，心疼地想：我可是在扔钞票啊！壁柜里的许多干货，早已不在大脑的记忆库中，收拢起来，也足足一两个月不用再买干货了。这么一清，就看到自己实在不会过日子。

衣柜衣箱的清理是大工程。从未数算过的衣服，一件件数过去，结果竟要以百来记数。十年前移民踏上美国时，只有两箱衣服和日用品，如今却膨胀得挂满换衣间，塞满衣柜，还要外加衣箱储存。不少"旧爱"几年未碰，还有"新宠"正在排队。这其中，有姐妹们互赠的温暖，有节日亲友送的礼物，当然，更多的是自己在欲望驱使下的"猎艳"。

想起某个慈善机构寄来的物品捐赠袋，将不太需要的衣物捐赠出去，利己利人。又想起一位好友定下的原则："买一件新衣服，就送出一件旧衣服。"这是好办法，提醒自己不要奢侈。

圣灵的九个果子中，最难学的就是"节制"，尤其对于我这个倾向于"购物满足"的人。如今，大环境、小环境都迫使自己学习节制，看来天助我成长。

唉，清尘、清仓、清箱，看来还是要从清心做起。圣经上也说："清心的人有福了，因为他们必得见神。"（马太福音五章八节）这可是绝对真理。想想看，若心里的空间都被灰尘、垃圾、欲望、杂念塞满，我们哪还有时间和心思去亲近神？去想"上面的事情"？"清心的人有福了。"神的应许永不改变，就看我们自己愿不愿意成为有福的人了。

原载于《键咏若歌》，2009 年 2 月

花心的理由

笑容，便是这个世界温情的阳光。

先生又笑话我了："你干什么都没长性，三天打鱼两天晒网。"我自忖："是啊，我什么都想学，什么都想尝试，但有哪一样干得出色呢？没有。一样也没有。"

上大学，学医是我的理想，然而，进了医学院，没两年我就烦了。读不完的书，考不完的试。我想恋爱、想浪漫。结果，这个想法让我头破血流，不得不回到书本。而且，落下了一个嗜好——爱读杂书。

工作了，想结婚，想找个膀臂、有个家。心愿了了，又想着学新东西，形体塑造、美容、跳舞、缝纫、舞剑、拳术、按摩、针灸、电脑扫盲、企业管理……五花八门。除了"形体塑造"鉴于遗传基因保留了下来，其他的都是入门就放。我真是个"花心萝卜"。

来到美国，仍然没停止"折腾"。英语课上了好几年，收获寥寥。每年进修的课程更是五花八门，工作坊有写作、采访、编辑、阅读、文化观培养、理财、心理辅导、绘画、和平使者。大学专业课有心理学，中国文学欣赏和园艺学。教会的课程有周日的主日学和周三晚上的圣经学院。自己的兴趣爱好有写作、舞蹈、健身、歌唱、首饰设计等。结果没有一样出成果。

我寻思，"自己真是个没用的人吗？"那天，我懒懒地躺在沙发上，让心安静。我累了，确实有些累了。年过半百，一路奔忙，能不累吗？

在安静的深处，有个温柔微小的声音响起："人的一生，应该是丰富而精彩的。在过程中，你享受了生命、调节了心情，并将你的获得，酿成灿烂的笑容。笑容，便是这个世界温情的阳光。"

那个声音继续在耳边："有些东西需要放下，有些东西需要紧紧抓住。比如，信仰，婚姻，家庭，还有美好的人际关系。对于赖以生存的工作，也要尽心尽责，保持诚信。这就像奔往目标的人，可以东张西望、走走停停，也可以不分心地直跑着去。每个人都有选择的自由、没有对错，重要的是要对自己的言行负责，不可侵犯你的同行人；不可偷盗和欺诈；不可昧着良心做人做事，否则，天理不容。"

"选择的自由，选择的自由。"我默默念着，心头的愁云渐渐消散，嘴角渐渐上弯，露出了更加轻松灿烂的笑容。

原载于《海华都市报》第 668 期，2019 年 11 月 14 日

中国，有希望！

人性的光芒、是正直的光芒、是血水交融的光芒……

时间离 5 月 12 日 14 时 28 分越来越远，废墟下的生命气息也越来越少，大量的图片刺激着人们的眼睛，也捶打着人们的心。泪水汇成了河，撕心裂肺的哭喊声此起彼伏——为什么最不应该倒塌的学校，脆如纸盒？为什么成千上万的"小太阳"顷刻陨落？为什么这么大的地震没有专业预报？为什么地震发生在奥运会开幕前的 88 天？

天灾无情，苦难无解，这道伤痕永远刻在了中华民族的历史上。本应举国欢腾迎奥运的今年，似乎流年不利——春节前后的雪灾，许多人初尝数日无水、无电、衣食无宁的恐怖；三月开春，手足口病全国流行，病患婴幼儿数以万计，多少父母肝肠寸断；5 月 12 日，汶川地动山摇，波及全国十余省及至越南、泰国，仿佛预演着世界末日的景象……

然而，在一幅幅悲惨的画面间，在一个个"为什么"的疑问中，我仍然发现一丝丝希望的亮光，那是人性的光芒、是正直的光芒、是血水交融的光芒……

总理温家宝在地震后一个半小时，启程赶往现场。冒着余震的危险，视察、安慰、筹划，在最短的时间内，最有效地调集救援力量，与死神展开抢夺生命的竞赛。人民子弟兵在这生命攸关的时刻,接受了一场无枪弹的血的洗礼,街道、广场是他们累瘫充电的床铺。动人的故事一个个上演着、传扬着——德阳市东汽中学教务主任谭千秋,身下护着的四个学生存活了;代课老师周汝兰,四次冲进教室,安全疏散全班 52 名幼儿;全心救人的民警,自己却失去了爱子。还有,全国志愿者多到影响交通;输血站大排长龙;募捐的款项,从全国乃至世界各地涌向灾区……

然而,在所有新闻报导中,最令我感动的是《北川邓家"刘汉小学"无一死亡奇迹背后的真相》。报导记述,这是一所希望小学,十年前由汉龙集团老板刘汉捐资兴建,当时经办监理学校修建工程的,是集团的办公室主任(记者在采访这位原办公室主任时,他坚拒透露姓名,我们就称他"主任"吧)。这位"主任"曾任一家水泥厂的副老总,是行家。在建设北川希望小学的过程中,他曾因水泥质量不好、款项到位不及时,以及工程拖延而多次发火、与有关人员"吵架"。最后还与有关部门据理力争,平出了楼前的大操场。正是这操场,成为灾难临到之时,全校 483 名师生的逃生地。教学大楼在地震时晃动几下,最终屹立不倒。后来又得知,重灾区绵阳的五所"希望小学",地震时也是巍然屹立,在校

屹立不倒的川北"希望小学"(2008 年)

学生毫发未损，它们也是由同一位"主任"督工完成。

我不禁思索，是什么力量，让这位主任敢管敢吵？虽然老板刘汉事前曾发话："亏什么也不能亏教育，一定要把好质量关。"但如果实际操作的人不严格，也难免出现豆腐渣工程。看着灾区许多学校楼，比政府的行政办公楼坍塌得更严重，这屹立不倒的希望工程楼是不是更加引人深思？

俗语说："拿人家的手短，吃人家的口软"，我想这位"主任"若是"拿"了，必定没有足够的钱买好水泥、付工程费。若是这位主任"吃"了，与人据理力争的"底气"必定不足，那还敢理直气壮地发火？况且，这不是一所"希望工程"小学的偶然现象，而是在不同时间、地点建造的六所学校。若以平均每所学校400位学生来算，他保全了2400位年轻的生命，成为这些孩子及家庭的"贵人"。我猜想，在他心里要么是良知的声音特别响亮，要么是他相信"头上三尺有神明"，敬畏"天道"、尊重生命。

从这里，我看到了中国的希望。中国，正是需要有更多敬畏"天道""良知"的子民，在公众生活和私人生活中，在职场和家中，都敬畏造物主写在人心版上的"律法"，都因着敬畏"天道"而愿意活出"人"本该有的样式，尽其本分，不胡作非为……

中国的希望之光正源于敬畏"天道"、尊重生命，因这"天道"离人不远。神的永能和神性，藉着所造之物——宇宙万有和自然，向人显明出来。神也将他的律法写在人心中，让人能凭着良心行事为人。（参见《使徒行传》《以弗所书》）

5月19日下午2时28分，北京及灾区民众下半旗鸣笛志哀三分钟，全国各地的人民也自愿参加默哀。人们悼念死难的亲人、无辜的遇难者、生死关头把生还机会留给孩子的老师。在这三分钟里，人们是否会忏悔自己聚集财富时的不义行为？是否醒悟"生命是宝贵的，更是脆弱的"？

懂得忏悔的人是有希望的人，懂得忏悔的民族是有希望的民族。这会让我们更懂得尊重自然、尊重生命，更多地去思考生命的意义和价值，更多地探索什么是暂时的，什么是永恒的。我相信，创造并掌管生命和世界的造物主，是值得敬畏且有无限恩典的，他以各种方式呼唤我们回归，呼唤我们苏醒。我听见孩子们说，"再也不与父母斗嘴了"；我听见官员们说"名利都是身外之物"；我听见民众说"建一所牢固的校舍，比捐赠一个亿更有价值"……

我相信，许多人今后会看良心重于金钱；我知道，更多人会在有生之年认识"天道"、认识"永恒"，并成为祝福别人的人。愿人性的光辉永不泯灭，愿博爱的种子生根发芽，让《上帝护佑中华》的歌声，回荡在我们的祖国——这块历经沧桑的神州大地上！

原载于《海外校园》杂志总第 90 期，2008 年 6 月

生命的底色

我们属灵生命的旅程，不就是渐渐脱去晦暗不洁的底色，换上神与人喜悦的，光明、鲜亮的底色吗？

今年 11 月 14 日，是我重生得救 21 周年的日子。二十一年，出生的男婴可以长成英俊挺拔的小伙子，女婴可以长成清纯秀丽的大姑娘。一个属灵生命 21 岁的人，又该长成什么样子——如果他不残疾的话？

"耶稣的智慧和身量，以及神和人对他的喜爱，都不断增长。"（路加福音 2：52）当一个人渐渐脱去了孩童和 Teenagers 的幼稚与任性，开始长大成人，变得有理性、有智慧，有知识、有爱心，再加上慈爱宽宏，便能渐渐让人喜爱，成为可亲又可敬的人。耶稣的慈爱与怜悯是最吸引人的地方，因此，门徒们虽然文化程度不高，却愿意跟随他并为信仰而献身。被人厌弃的妓女、税吏，无助的瞎子、瘸子，有病痛的，有需要的，都愿意找他。而那些满腹经纶、占据着道德高处的文士、法利赛人也渐渐注意了他。开始，我总不能明白，为什么那些在知识、文化和智慧上都令人敬仰的法利赛人，会对耶稣这位只在穷人当中医病、赶鬼的"民间郎中"如此耿耿于怀？他们从哪里来的、对耶稣那么多的仇恨？以至于要千方百计地把他送上十字架，除之而后快呢？从神的旨意看，那是神设计的救赎计划，而从人的角度看，只不过是嫉妒。是的，嫉妒是可以杀人的。

在日常生活中，我们也可以看见形形色色的人，有信主的，有不信的；有看似敬虔的，有看似不够敬虔的；有真敬虔的，有假敬虔的；有可亲可敬的，有可敬不可亲的，也有既不可亲又不可近的……

我想，当我们的生命越来越成熟，就应该越来越像耶稣那样可亲可近，而不应该像法利赛人那样可敬却不可亲，被耶稣骂为"粉饰的坟墓""毒蛇的种类"。

几天前，与一位姊妹电话长聊，她说她那还未信主的哥哥说了一段很有哲理的话："信主与未信主的人不同之处，在于他们的生命底色不同。真正的基督徒不必把教义规条整天挂在嘴边，人们会从他的生命底色中看出他是基督徒。"

"底色不同"，可以想见，在一个画板上，亮丽的底色给人愉悦的感觉，就算画上几道黑墨，也不能掩盖这个底色。而当一个画板上的底色是灰暗阴郁的，就是加上几枝亮丽的花朵，也不能让整个画面鲜亮起来。我们属灵生命的旅程，不就是渐渐脱去晦暗不洁的底色，换上神与人喜悦的，光明、鲜亮的底色吗？

十几年前，我自认为是敬虔的基督徒，也有姊妹夸我"很属灵"。每日读经祷告，每周的主日崇拜和团契生活都坚持得很好，还参与不少服事，敬虔到连上班时间想想家里的事情，都感觉罪疚。可想而知，眼里到处是不义，口里常常是批评，更免不了"已有天堂护照"的自义和骄傲。然而，自己的真实想法不能与人分享，尤其是自己的失败和软弱更不可为人所知。我想，我是很努力地在"做"一个基督徒。然而，先生给我的称号却是"马列主义老太太"。大陆出来的人都知道这个称呼意味着什么，就是满口大道理，却令人生厌的伪君子。为此，我痛苦过，也求问过神：为什么我这么敬虔，却招来先生这样的讽刺和批评？

如今回头看，我也不会喜欢那样的我。那是一种多么令人敬而远之的境况，多么单调乏味的生命底色啊！别人有心思不会对我讲，因为我会指出那是他们不信神的结果；别人有需要不会对我讲，因为我忙得整天往教会跑；就连父母，也厌烦我们老向他们传福音。我想那时的自己，就像那晦暗不洁的画板，画上了几朵装饰的花朵而已。

神喜悦的生命底色又该是怎样的呢？我想应该是五彩缤纷的，红蓝黄绿蓝靛紫齐全。神创造了一个多彩的世界，难道不希望看到祂的儿女，成为五光十色的艺术品吗？难道会希望祂的儿女，成为无生气、不自由、刻板、不喜乐的木偶吗？绝不可能。文学、艺术、哲学、历史，所有五官能感受的，天上的、地上的，无不包括在神创造的色彩中。

让生命底色渐渐亮丽，不是单靠我们自己的能力完成的。这个过程是漫长的、渐进的，甚至是痛苦的。就像茧子里的蛹钻出来变蝴蝶的过程，就像母腹中的婴儿通过黑暗的生命甬道那样，挣扎、痛苦，却有希望。当我们战胜了痛苦，脱茧而出成为蝴蝶，便可以自由地飞翔，也能看到更宽广的世界；当我们不再受困于母亲的子宫，便可自由地行走奔跑，更可以自由地思考和成长。

这个成长过程，要靠我们不断祷告，与神沟通，明白祂的旨意，请求祂的引领，接受祂的管教，感恩祂的恩典。也要靠我们自己不断吃灵粮，吸收营养。

我相信，当我们生命的底色换成了神喜悦的色彩，神与人喜爱我们的心也会渐渐地增长。在此，我由衷地感谢团契的弟兄姐妹，感谢"神国资源为基督协会"。十几年来，老师的生命影响力，同学的信实见证，弟兄姐妹的爱主爱人行动，像云彩一样围绕者我。我渐渐尝到真自由的甘甜，尝到圣灵包围中的平安，更让我在这纷杂的世界，能始终确认自己"神儿女"的身份，并持守不变的基督信仰。

做一个真实、透明、干净的人，一个换上亮丽色彩，有文化、有智慧的人，一个越来越像基督的人，是我毕生的追求！

写于 2014 年 11 月 17 日，修订于 2020 年 3 月

人物篇

人物篇

小学生 大管家

——访宣教士师悌德侧记

只要我们真心摆上，神就会让小学生成为大管家。

当我满怀感动与眼前这位满头白发、高大健硕的前宣教士握手道别时，只觉找不到恰当的词语来表达自己对他的敬意和感激。他对中国宣教工场的开拓，对拯救灵魂无私无怨的奉献，让我觉得，我眼前站着的，分明就是当年的戴德生。

如今他虽不再到宣教工场第一线，仍未停止为神做工，他与同工每周轮流为东南亚 30 多个国家代祷，他拿出自己三分之一至三分之二的时间，参与"大使命中心"的后勤工作。毕竟他已是 88 岁的老人了，当我问他是否会感到疲劳？他说："为神工作是一件令人喜乐兴奋的事，我从不觉得疲惫，我常求神加添我的力量。"

当我问他身体还好吗？竟听他说："我是三种肿瘤的患者。"是东南亚的日光太毒辣了吧？他曾患上皮肤癌，做过修复术的左面颊，还隐约可见浅红色的瘢痕；他曾是结肠癌患者，癌变的结肠已手术切除；他还患有前列腺癌，正在治疗当中。难怪他脸色略显苍白。

当我无知地反复问他何时退休时，他说如今是第三次退休，在六十多年的宣教事奉中，他曾两次回到美国看孩子和休息，如今是第三次。他认为不在宣教工场第一线，就是退休。可我知道，他没有一天停止工作，他每天都在为主工作为主忙。

最后我问他：此生有什么令他遗憾的事情？他说：最令他遗憾的是没有受到足够的教育，这使他在学习和事奉的过程中尝尽了苦头。

我说：你虽然只有小学程度，但在神的国度里您是忠心的大管家。他笑着说，那不是我的功劳，是神自己做的，祂借着我的手做的。

是啊！只要我们真心摆上，神就会让小学生成为大管家。

原载于《使者》杂志第 44 卷，2001 年第 1 期

直奔标杆

——宣教士师悌德口述

"我只有一件事,就是忘记背后,努力面前的,向着标竿直跑,要得神在基督耶稣里从上面召我来得的奖赏。"

办公室通知我,明日有一群中国弟兄姊妹来采访,要我说说自己是怎样回应神的呼召,时间大约两个小时。

两小时?两小时怎能诉说完神对我八十八年的带领?两小时如何够表达六十多年来,在宣教工场的苦与乐?我祈求神膏抹我的口,说祂要我说的话。

我算什么,祂竟拣选了我

那是1912年,我降生在美国宾州一个宣教士的家庭。父母是1910年从加拿大东部移居到美国宾州的,也是移居到这个地区的第一户人家。眼前是一望无际的大草原,记忆中只有十五英里之外的一个邮局。生活资源全部靠自己开垦种植,自给自足。没有电,没有暖气,没有交通工具,全家过着原始、简朴、贫困的生活。交通的不方便使我立下心志,长大要当一名机械工程师。然而,迫于生活需要,我常要帮家里的大人们干活，直到 16 岁我才完成小学教育，因着年龄过大，不能进入中学就读，我辍学了。

十七岁那年，在女宣教士 Ms. Lord 的带领下，我信主了，Ms. Lord 带我查经、祷告。她的许多朋友是内地会宣教士，她对中国宣教很有负担。因种种原因，Ms. Lord 去中国宣教的愿望一直没有达成。她常常对我讲述她朋友的故事，讲中国宣教工场的情况，使我渐渐感觉到自己对中国的宣教有了负担。我向神祷告说："神啊！是你拯救了我，如今的我仅为你而活。

采访师悌德宣教士（2000 年）

我已经有了对中国宣教的负担，可我仅有小学学历，我能做什么呢？"奇妙的神借罗马书 12 章 1 节告诉我："我以神的慈悲劝你们，将身体献上，当作活祭，是圣洁的，是神所喜悦的，你们如此事奉，乃是理所当然的。"哦，原来神喜悦我献为活祭，神看我是圣洁的，神认为我去中国宣教的负担是理所当然的。我算什么？我只是一个小学程度的人，可神却明明确确拣选了我。他不嫌弃我，他要用我。

我不能，但神能

1935年，只有小学程度的我完成了四年圣经学校的学习和装备。我向内地会提出赴中国内地宣教的申请，然而，因着同年内地会一对宣教士夫妇在江西被害，差会暂停向中国派遣宣教士。神又借着这段时间，让我参加了为期六周、培训造就同工的特别课程，从中学习了一些培训门徒和开拓教会的原则和方法。

1935年8月，我突然接到被批准奔赴中国宣教的通知了。行程定于8月7日，与我同行的宣教士都陆续拿到了护照，而我却迟迟没有收到护照。最后得知，因我疏漏了几处签名，护照没办成。这么多年准备去中国宣教的心愿眼看就要达成，没想到却在护照办理的事情上出了差错，我真是心急如焚。内地会为我写了一封信，证明我的身份和背景，请中国大使馆在介绍信上盖上同意我入境的印章。就这样，没有护照，没有高学历的我，竟顺利到达了目的地。我又激动又兴奋地向神祷告："主啊！我感谢您，我不能，但您能。"

不是我做，是神做

经过六个月的语言学习，我们开始了宣道事工。第一站是安徽省霍丘县。这是一个贫穷、落后、封闭的农村，没有自来水，没有电，交通靠步行，或靠有限的自行车。一般从英国和美国派去的宣教士，都需要一段时间来适应这个艰苦的环境，而对于我来说，这样的生活让我仿佛回到了熟悉的童年，亲切又自然，原来神早就在预备我了。

当时，内地会已经差派了两位宣教士做拓荒工作，我们到后不久就建立了霍丘福音堂，开始门徒培训和建造。每日清晨我们有祷告，每晚有查经，同时设有门徒培训的特别课程，也常组织开布道大会，当地信主的人迅速增多。我们看到了神奇妙的大工，也看到了他医治的大能。

一天，几位数里之外的同工来找我们，告知有一位妇女被鬼附身，在地上打滚挣扎，很痛苦。他们祷告许久，那鬼却不肯出来，他们特意前来请我们过去帮忙。当时我们当中没人见过鬼附人的情况，也从未赶过鬼。我们在去的路上一直迫切祷告，求主亲自动工医治那妇人，也求神赐给我们能力见证袖的大能。谁知，当我们到达目的地时，那儿的同工却告诉我们：大约在我们到来前十五分钟，鬼自己出来了，那妇女也复原了。我们禁不住高呼："感谢赞美主，感谢您亲自动工医治了那位姊妹。"

1937年，卢沟桥事变，我们接到通知立即撤离。那时，我们已在霍丘建了一个主堂和两个分堂，并设置了16个团契，固定参加聚会的人数达150多人。据现在的统计，霍丘地区的信徒已达三万多人，有16间三自教会和200多个家庭教会，而当年我们建立的霍丘福音堂，如今每周有四次崇拜，每周听道的会众约4000人。

神在经历了大苦难的中国，动了复兴的大工，我们撒种，神自己收割。

向着标杆直跑

1951年我离开中国后，还去过东南亚、欧洲、北美的几十个国家。每到一个地方，都会遇到不同的困难，但神为我开一道道门，神常常用腓利比书 3 章 13-14 节的经句激励我："弟兄们，我不是以为自己已经得着了，我只有一件事，就是忘记背后，努力面前的，向着标竿直跑，要得神在基督耶稣里从上面召我来得的奖赏。"

回顾自己走过的几十年宣道路程，我归纳出以下几点体会：

1.与神要有亲密的关系。我很明白，神救赎了我，我只为祂而活。我与天父建立了永久而亲密的关系。每当我遇到困难，有了疑问，都来到阿爸父面前，求他启示我、引导我，神就是这么奇妙，为我预备一切。

2.让神做，而不是自己做。我们有太多从自己出发的计划、目标。我们要拿高学位，要找好工作，我们服事教会服事人，常常觉得又忙又累。其实，有许多事情你不要着急，神自己会动工。我们只要来到祂面前，求祂亲自动工，而不要凭着自己的血气，去做这做那。神是大能的神，祂的担子是轻省的，关键要看我们是否全心摆上。

3.凡事坚持到底。当我们明确知道，我们准备做的事是出于圣灵的感动，而不是出于我们自己的血气，就要坚持下去。我们虽然会碰到困难，遇到挫折，但下定决心不放弃，就一定能成就祂自己要成就的大工。

注：师悌德宣教士已于 2007 年安息主怀，享年 95 岁。

原载于若歌教会季刊第 21 期，2000 年 11 月

附：

悼念師悌德牧師
In Memory of Rev. George M. Steed
(1912-2007)

師悌德牧師於1912年8月6日生於加拿大沙省的一個農莊，上有兩位兄長，下有一妹一弟。自幼參加教會主日學，蒙召後進入Prairie Bible Institute接受神學訓練。畢業後曾參與加拿大主日學協會的事奉(Canadian Sunday School Mission)。1935年，蒙中國內地會(China Inland Mission)接納為宣教士。同年9月7日啟程前往中國，9月21日安抵上海。自此開始了他一生在華人中間的事奉。

師師母劉蓮華女士(Mrs. Ruth Lewis Steed)於1910年3月17日生於四川，父母均為中國的宣教士。父親在中國去世後，全家遷回美國。師師母在Wheaton College畢業後，蒙神呼召，加入CIM，於1936年回到中國。

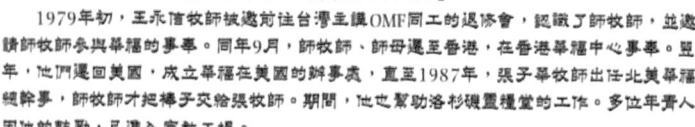

當時中日戰爭告急，所有宣教士遷往大城市，師師母在漢口首次遇上師牧師，時為1937年。他倆於1938年6月8日在漢口成婚。婚後一同在安徽事奉，直至1951年離開中國。

CIM離開中國後，易名為OMF。師牧師被派往印尼工作，並擔任印尼工場主任直至1975年退休為止。

然而，師牧師、師母退而不休，回美加述職一年後，又回到台灣。師師母在她的日記裡寫道：「又好像回到中國。雖然這裡的人、事、物都與安徽不同，似乎我們很適應，只是時代不同吧！」

1979年初，王永信牧師被邀前往台灣主講OMF同工的退修會，認識了師牧師，並邀請師牧師參與華福的事奉。同年9月，師牧師、師母還至香港，在香港華福中心事奉。翌年，他們還回美國，成立華福在美國的辦事處，直至1987年，張子華牧師出任北美華福總幹事，師牧師才把棒子交給張牧師。期間，他也幫助洛杉磯靈糧堂的工作。多位華青人因他的鼓勵，已進入宣教工場。

1993年，師師母身體欠佳，需長婿特別照顧，於是他們遷往貴州OMF退休宣教士的宿舍。1995年，師師母蒙主寵召後，師牧師每隔兩個月即前來大使命中心在德州的辦公室幫忙，不僅幫助辦公室的工作，輔導學生們，甚至也幫助清洗床單、披褥的工作。

2001年大使命中心遷北加州時，師牧師還教導同工們如何保護珍貴的照片及鏡框。

過去兩、三年師牧師身體較衰微，但每次當同工們去探望他時，他還詢問華福及大使命中心的事奉，對華人教會仍是十分關心。

師牧師、師母在華人教會70年的事奉貢獻良多，一群弟兄姊妹願意成立一個「師悌德牧師紀念宣教基金」，幫助華人弟兄姊妹進入宣教事奉。請為該基金的成立及所發揮的作用禱告。

跟着异象向前走

——访杨嘉善长老

"只是主快来了,时间不多了,主又给了我这么清楚的异象,我心里急得不得了,哪有精力去在乎别人说长道短?只愿自己不愧见主面就心满意足了。"

2000年10月14日,中亚洲吉尔吉斯国托克马市晴空万里,阳光明媚,"恩临基督教学校"奉献典礼即将举行。只见大操场上空,吉美两国国旗迎风飘扬,汽球彩纸编结成的彩带环绕会场,喜庆的乐曲回响在空中。新生、家长、特邀嘉宾约四、五百人早已落座,等待着激动人心的一刻。有趣的是会众大部份是回民。

当主席大声宣布:吉尔吉斯共和国第一所政府批准成立的基督教学校——恩临基督教学校——献校典礼现在开始!顿时,全场起立,掌声雷动。在热烈的掌声中,一位身体健硕、满面慈容、船长装束的华裔老人登上讲台致开幕词。他,就是七十二岁高龄的杨嘉善长老。他满怀激动地向会众宣告:"我们将这所学校献给基督,愿他的学校永远长存!"

1928年12月,杨长老出生于北京一个基督教家庭。自幼母亲就带着他们几个孩子去教堂崇拜,初中进入教会学校就读，那时，信仰的种子就撒在了幼小的心田。杨长老18岁离家赴广州海洋大学就读，毕业后从事航海工作。24岁那年，与妻子一同在台湾领洗。1962年，公司派杨长老任美国纽约住埠船长，从此，杨长老开始了固定的教会服事。他先在长岛中国基督教教会，任执事、长老，后转至新泽西州主恩堂。先后担任过董事会主席、差传主席，购堂、建堂委员等。一晃三十多年过去，杨长老在服事中与弟兄姐妹彼此建造，不断成长，并与太太一起把家人带到主耶稣面前，儿女中有牧师、宣教士。

60岁那年，杨长老回想主带领他走过的大半生，无论在动荡的年月，还是漂泊的海上生活，抑或在和平的岁月，神都一直看顾保守着他和他的家人，赐给他平安、喜乐和丰富的恩典。神还给予他办企业的恩赐，使他能以财力、物力支持神国事工。想到这些，他愿把自己聚集的财产全部用于福音事工，为此成立了"杨嘉善家庭基金会"。

65岁那年，杨长老与王永信牧师谈起遗愿，要把遗产捐赠基督教机构。王牧师问：为什么只想到身后奉献遗产？如果您愿意摆上自己，现在就可以身体力行参与福音事工。出去看看就知道，如今

与杨嘉善长老（2002年）

福音工场最缺的还是工人啊!

　　王牧师的话深深打动了杨长老,经过多次祷告寻求,杨长老明确了神对他的呼召。神对他的启示是"庄稼熟了等人收割""你若爱我就去牧养我的羊"。杨长老与妻子一道,再次把自己献上,求神使用。他们处理了自己七个公司的财产,成为全时间的传道人。

　　1995年,杨长老任职大使命中心"东干事工部"主任,与夫人一同受教会差派,前往原苏联的盟国——哈萨克斯坦共和国。他们来到一个叫马山清的回民村,村民是满清末年回乱时被赶出中国的,说陕西方言,当地人称他们为东干人。

　　尽管苏联共产党统治70多年,推行的是共产主义无神论教育,然而,村民们一直持守着他们的传统宗教,他们难以接受无神论的共产主义,同样也难以接受基督教。虽然语言沟通没有困难,可杨长老夫妇四年下来,与同工们尽了最大努力,还是很难带领回民改信基督教。这样的速度让杨长老心急如焚:何时才能把福音传遍地极?这不叫人愧见主面吗?

　　在迫切的祷告中,杨长老终于明白了,原来成年回民难以接受福音,是因为家庭和社会传统的压力,让他们很难跳出家传信仰的圈子。这时,神把一个异象放在了杨长老的心中,即"转向儿童,开办学校"。对!就这么办,把福音的种子撒向单纯稚嫩的心田,几十年后,必定开花结果。

　　在神的带领下,杨长老结识了与他有同样异象的魏司理牧师。魏牧师自1997年起清楚了"以办学方式传福音"的异象,并且已经在前苏联的另一个盟国——吉尔吉斯共和国,开办了两所学校。在共同的祷告中,他们进一步明确了事工方向,就是从中亚洲回教势力稍弱的前苏联盟国入手,以办学和办孤儿院的方式向西推进，经土耳其直到马其顿，将使徒保罗第一世纪在小亚西亚、希腊一带开辟的，如今却失之于回教、异教之手的教会重新建立起来。事工范围在北纬35度至45度，东经20度至90度之间，亦称土耳其带或35／45之窗。

2000年二月，杨长老与魏牧师共同购买了一间旧校舍，进行彻底装修改造，不到半年时间，完成了全部整理修建工程。同时进行的还有宗教部办学证书，司法部、教育部批文申请，师资招聘、入学考试等等工作，一切都进行得异常顺利。学校设施中，无论是软件硬件，都跃居吉国小学之首。学校规定无论贫富一律参加统一考试，择优录取。凡被录取的学生，校方承担一切教育和食宿费用，志愿者也可象征性地每月交两元钱。学校目前招收一至四年级学员，随着学生升级开设新年级，直至高中。采用俄文、英文双语教学，教材选用西方基督教学校专用教材，目的是在孩子们可塑性最大的年龄段，将福音的种子撒在他们心田，帮助他们打下信仰的基础。

十月下旬，美国 Mission of Mercy 机构前往该校布道，全校118名学生当场全部决志信主。

继恩临小学成功开张，半年内，杨长老与魏牧师又创办了"克敏残疾学校"（Kemin Disable Christian School）和"卡拉巴尔塔孤儿院"。

对于办学开展事工的异象，看似困难，事实却证明是切实可行的。杨长老强调不仅是他自己，就是周围关注学校建设进程的人们，都觉得难以置信。若不是神亲自动工，怎么可能如此顺利？在被问及建校资金如何筹措时，杨长老说，他只是想把神给他的钱，用在神需要的地方。创建恩临学校时，他投资近20万美金，可奇怪的是，他帐面上的数额并未减少。杨长老说，神真是幽默，祂只不过是要看看我们，是不是诚心顺服和摆上而已。

谈到"大使命中心"的差派事工，问杨长老有什么体会和感想，杨长老说，据他在哈萨克斯坦四年的统计，前去旅游宣道的团队不少，超过了四百人次，吃住、交通等费用约为美金一百万元。他自己就反复被差派，去中亚向东干人传福音达 15 次之多。尽管在当地居住的时间近两年，真正由他传福音到受洗归主的只有一人。像他这样被长期差派的人都收效甚微，短宣的效果就可想而知了。如果用这些经费支持一些真正蒙召、愿意长期献身宣教的宣教士，同时做一些诸如办学、办医院等有益于当地人民的实事，基督教一定会在回民区大受欢迎，福音传播的速度也一定会更快。

杨长老还说："开拓工作不可能不碰到困难、遇到阻力，尤其像我这种处事果断、缺乏耐心的船长性格，不可能没人说闲话。只是主快来了，时间不多了，主又给了我这么清楚的异象，我心里急得不得了，哪有精力去在乎别人说长道短？只愿自己不愧见主面就心满意足了。"

2001 年，杨长老计划成立无宗派"中亚洲基督教学校协会"，统一管理现有的五间院校。他还计划再开办两间学校和一间孤儿院，如今已经获得了吉尔吉斯国政府的认可。这些工作都会得到总统和教育部官员的协助。杨长老说，如今最缺的是师资和学校的管理人才，他们正不住地切切祷告，求神预备和呼召有志于参与此项事工的志愿者。

杨长老还强调，在福音事工的过程中，要始终坚持高举基督，大胆见证神的恩典和大能。正因为如此，他们在回民区从事宣教事工多年，不仅没有遭到迫害，反而眼见事工进展神速。

这是非常奇妙的见证，也更使他们明白了保罗为什么会说"我不以福音为耻。"

杨长老最后说，虽然自己年过七十，但神还用他，是神的恩典。神让他看到异象，并参与35/45之窗的事工，让他感到非常荣幸。他求主给他和夫人健康的身体，清醒的灵命，能一直事奉到见主面。他说"我与太太是把余生交托给主的人了，为了不使办学的设想落空，不作拳头打空气的事情，我们已与当地人合办了几家企业，以保障资金来源。"他还说为打开中亚事工的大门，葬身于天山脚下是他最大的福气！

杨长老恳切希望众弟兄姊妹关心并参与中亚地区的福音事工，在祷告上和金钱上给予支持，尤其希望有负担的弟兄姊妹能去中亚洲作为期至少一年的宣教士。

欲知中亚洲办学事工详情，请浏览

www.ACSCA.NAROD.RU

原载于《使者》杂志第44卷，NO.3, 2001

人物篇

来自吉尔吉斯国的好消息

经历了一件又一件在人看来不可能,却在短期内实现的神迹,杨长老更确信了神带领他远离舒适的美国,来到中亚州回区宣教工场的计划和目的。

今年《使者》杂志第三期,刊登题为《跟着异象向前走》的文章,介绍了杨嘉善长老等,在中亚州吉尔吉斯国宣教事工的情况,得到不少团体机构和弟兄姐妹的关心。"9·11"之后,更多人开始关心回教区的宣教事工。近一年来,吉尔吉斯国的事工情况又有明显进展,在此对杨长老、魏斯理牧师等在中亚吉国的事工作第二次报道。

继 2000 年 10 月 14 日,吉国第一所由宗教部、司法部授发批文的"恩临基督教学校"成立之后,杨长老与魏斯理牧师独自或联合筹办的几所基督教学校和孤儿院,又陆续开门并申请到了宗教部和司法部的批文。宗教事务部有关人士,看到了基督教学校给吉国儿童带来的关爱,以及给社会带来的福利,更看到了参与事工的基督徒敬业、坦诚、遵纪守法。而且这些自筹资金办学的事工,进展既顺利又迅速,让政府有关人员推广教育的信心大增。由此,宗教部和司法部建议杨嘉善长老成立一个基金会,授名为"慈善基督教基金会"。同时授权,以此基金会名义开办的学校、儿童之家、孤儿院、神学院、教会、医院、诊所、戒毒戒酒中心和主办的研习会、布道会等不需要再申请批文。2001年5月11日"慈善基督教基金会"正式成立。

吉尔吉斯国，这个属于前苏联的回教小国，正式为基督教进入中亚打开了大门！

"9·11"之后，"基督教""回教""恐怖分子"是人们常提到的几个词，不少人无法将回教和恐怖分子分开，更有不少人认为，基督教与回教是当今世界上势不两立的两大宗教。其实，事件之后，我们看到不少伊斯兰教的领袖声明，恐怖分子所宣扬的教义、尤其鼓吹以自杀攻击性行为上天堂的捷径，根本不符合伊斯兰教的精神。

事实上，回民是相当好客友好的，他们非常欢迎不辞辛劳远道来回区宣教的基督徒和宣教士。稍稍了解一些圣经的人都知道，以色列人和阿拉伯人都是亚伯拉罕的后裔，只是以色列人是神应许给亚伯拉罕和撒拉的儿子——以撒的后裔，阿拉伯人则是亚伯拉罕和他的妾夏甲所生之子——以实玛力的后裔。后来耶稣来到世上，将福音传给我们这些不属于上述两支的外邦人，所有信耶稣的人便被称为基督徒。

圣经上明明白白地说："神爱世人，甚至将祂的独生子赐给他们，叫一切信祂的不至灭亡反得永生。"（约翰福音 3 章 16 节）同时神给所有基督徒最大的命令是，"你要尽心、尽性、尽力、尽意爱主——你的神，又要爱邻舍如同自己。"（路加福音 10 章 27 节）然而，恐怖分子以自杀性、攻击性、破坏性行为涂炭生灵，以求早日上天堂的做法，不仅完全违背了圣经的原则，就是回教徒读的《可兰经》，也找不到类似的教导。

正是因为神爱世人，爱目前人口已超过 11 亿的回教徒，才感动杨长老和许许多多宣教士来到了回区。

2001年11月,吉国宗教部新部长接任,在考察所管辖部门、阅读有关卷宗时,对杨长老他们开展的事工产生了极大的兴趣。他专门安排时间,约请杨长老、魏牧师座谈,对他们在事工中表现的真诚、透明、有效率,以及对社会的贡献表示肯定和赞赏。新部长将座谈会纪要上报总统府内阁,得到内阁十几个部长的正面反馈。新部长向杨长老表示,虽然自己是回教徒,但他的国家是民主的,他会大力支持基金会下属的、有关吉国教育和社会公益的各项事工。

2001年12月,吉国教育部长与基金会商议,希望他们能承接两项工作,其一,筹办一个全国性的讲习会,内容为"基督教的伦理观",讲习会的对象是全国所有公立学校的老师。其二,教育部将在全国挑选60所公立中小学校,交由"慈善基督教基金会"试点,进行教学改革。目标是以西方教育模式结合基督教的伦理观,编写一套新教材,以代替延续了70年之久的现有教育模式。

这种对基督教教育信任、全面开放的态度,真有点令人不可思议,这是神亲自动工的结果。此一创举及其带来的社会震动,毫无疑问将影响吉国周围,甚至有联姻关系的回教国家。

吉尔吉斯国基督教事工是神的美意,如今事工进展的速度似乎是人所不曾预料的。这是许多关心该事工的团体和个人支持、代祷的结果,是参与事工的同工、义工们忠心付出的结果。随着事工的进展,所有参与者也面临着更大的挑战,包括人力、物力、资金各方面。然而,一年下来,杨长老与同工们更加确信神的信实、保守和大能,杨长老坚信神要成就祂自己的大工。

如今面临的大挑战是,基金会筹备的全国讲习会,是面对为人师表、身负教职的全国公立学校的老师，如何选择和编写适合于讲习会的教材？怎样在极有限的时间内，向老师们传讲基督教的伦理观？杨长老说，即使在这短期密集的讲习班上，不能改变老师们的固有观念，但至少要通过这个机会，宣讲基督教伦理，给他们留下好印象。否则怎么能期望他们用这些新观念去教育下一代呢？

另一个大挑战是，如何将现有的中小学教材进行改编，既不能将其全盘西化，更不能一蹴而就地基督教化。因此，资料的收集、整合、编写以及师资的培训，都将是一项艰巨细致的工作，需要大量的人力、物力、时间和金钱的投入。这也是他们新一年的工作重点。

在环境和条件都可以用"落后"来形容的吉尔吉斯国，如此多样化地推广基督教事工，不可能不碰到困难、遇到阻碍、遭到攻击，然而，面对这一切，杨长老脸上总是挂着充满信心的微笑。

几个月前，外出的同工在离总部五百里远的 KARAKOI 市，见到许多四至十四岁的流浪儿。他们住在阴沟下水道，吃着捡来的垃圾食物，甚至为了裹腹而成为男女童妓。见到这种状况，同工们没有不落泪的。杨长老与事工部负责人听了汇报，立即召开会议，决定拨出专款，在当地建立孤儿院。经过一个多月的购房、修整，孤儿院正式开放，第一批就收留了 30 多位急需帮助的儿童。

经历了一件又一件在人看来不可能，却在短期内实现的神迹，杨长老更确信神带领他远离舒适的美国，来到中亚州回区宣教工场的计划和目的。杨长老说，他为能全时间、全心身、毫无挂虑地参与神国事工感到幸运和满足。如今 73 岁高龄的杨长老，四处奔波，有时也会感觉体力不支和关节疼痛。前不久杨长老左耳失聪了，让他更加感到时间无多。然而，若不是专门询问杨长老的健康状况，人们绝不可能从杨长老的微笑中，看到这些困扰。杨长老常说，他相信，在神没有难成的事。他相信，神不过是借着一批愿意奉献、不带私心的人，成就祂自己的旨意。

杨长老鼓励有心参与中亚洲宣教的弟兄姐妹，积极投入这项事工，以自己的专长和爱心将福音带给回区人民。

注：杨嘉善长老已于2017年2月12日安息主怀，享年92岁。他开拓的事工仍在继续。

原载于《使者》杂志第45卷，NO.1，2002

做神国事工的杠杆

——采访周大卫牧师

"不要问神'为什么？'而要这样问：'神啊，你要我做什么？'"

"蔡苏娟就好像、好像一个、一个 Leverage。"五官端正、眼大眉浓的周大卫牧师，一面做着撬东西的手势，一面竭力在他的中英文词库里寻找能表达自己意思的单词。

"杠杆""支点""杠杆作用"，我们这三位坐在他办公桌对面的采访者争相帮忙。

"是的，就是这个意思。"周牧师肯定地点点头。

我们是初学写作、采访的学生，正在采访"基督使者协会"总干事周大卫牧师。老师布置作业时还提了个要求——必须从蔡苏娟小姐说开去。

蔡小姐与使者协会

周牧师说："蔡苏娟女士一直单身未婚，所以我们都习惯称呼她蔡小姐，也有人称呼她蔡女士。"周牧师接着说，提到蔡小姐，不得不提玛丽·李曼女士。李曼女士的父亲查理·李曼，是 1875 从美国远渡重洋赴南京拓荒的宣教士,而玛丽·李曼的母亲,也几乎于同一时期在南京开办了"明德女中"。蔡苏娟 16 岁进入明德女中学习,当时玛丽·李曼女士是学校的校长。玛丽带领蔡小姐认识了耶稣基督。蔡小姐成为基督徒后,又带领全家族 55 位亲友信了主。在明德女中,蔡小姐受到了严格、先进的西方教育,中英文都非常好。她常被邀请去作布道大会的翻译或讲员,足迹踏遍中国十余个省市。1931 年,也就是蔡小姐 41 岁那年,她患了一种神秘而奇怪的病,这个病使得她的眼睛不能见日光。从此她要整天戴着墨镜,在暗室中生活和工作。她一直受着病痛的煎熬,直至 95 岁那年被主接走。

周牧师叙述着:"战争年代,蔡小姐因着福音事工与李曼女士一家结下了深厚友情,蔡苏娟也认李曼女士为谊母(God mother)。四十年代末,李曼女士回到她的出身地、美国宾州乐园镇,也把蔡小姐带来了美国,她俩一直相伴相随。在事工上,她们是很默契的同工;在生活上,李曼女士如同母亲,无微不至地关怀和帮助蔡小姐,几乎寸步不离。"周牧师说,"如果用圣经人物来比喻她们俩的搭配,蔡小姐如同保罗,李曼女士则像巴拿巴。"

周大卫的父亲是著名的周主培牧师。1956 年,周主培牧师在念神学院时,由老师带他来访问了蔡苏娟小姐。蔡小姐对海外华人学生的福音事工和大陆的宣教事工非常有负担,她认为在华人学生中传福音意义深远。那次访问对周主培牧师的触动很大,同大去拜访蔡小姐的蔡锡惠弟兄也被深深触动。这之后,周主培与蔡锡惠就经常结伴去见蔡小姐,与她讨论华人学生福音事工,也把一些慕道的学生引荐给蔡小姐。蔡小姐与李曼女士每天都定时为中国祷告,祈望有一天中国的福音之门大开。

1963年，蔡锡惠夫妇与周主培牧师在华府共同注册成立了"基督使者协会"。1966年，李曼家族把他们在乐园镇的农庄、计110英亩土地捐献给了"基督使者协会"，取名"使者农庄"。捐赠人希望，农庄能成为培训华人学生和神国工人的基地。

活出三句话

我们请周大卫牧师说说，蔡小姐给他留下最深刻的印象是什么？

周牧师说，印象最深的是蔡小姐常挂在嘴边、也身体力行的三句话。这三句话是："每个人都需要鼓励。""我从来不问神为什么。""要信靠顺服神。"

周牧师记忆犹新的是，蔡女士常对来访者说："不要问神'为什么？'而要这样问：'神啊，你要我做什么？'当你常常这样问、这样想，就会发现，自己对待事务的态度慢慢发生本质性的变化。你便会抱着积极、乐观的态度，去看待在自己身上，或在自己周围发生的事情。在这个过程中，我们也更能体会到神的心意。"

周牧师说，他现在已经习惯成自然了，每当事工遇到困难，他的第一个反应就是"神啊，你要在我身上成就什么旨意？"

周牧师举了个例子，他说，今年他应邀出席一个华人夏令会，大会要求他用中文与会众分享，这对于他来说真是不小的挑战。周牧师生于印尼，初中时一家人搬迁来到美国，在英文环境中长大，思维方式也是英文式的。他曾专门去台湾学习中文，在申请进入台湾师大的入学考试中，老师称他为"不识字的知识分子"。

接到"用中文分享"的任务时,他犯难了。记得当时神以圣经《约翰福音》14章12节提醒他"我实实在在的告诉你们,我所做的事、信我的人也要做。并且要做比这更大的事。因为我往父那里去。"这时,他也想起了蔡小姐的教导,立即意识到:"我不该问神为什么,只问祂要我做什么就好。"结果,他非常顺利地用中文做了分享。从那以后,他再也不胆怯用中文分享信息了。

周牧师说,蔡小姐是信靠顺服神的榜样。她生病前,是一位非常优秀的人才,后来却因生了怪病,不得不服用一种特殊药物。这种药物有明显的副作用,不仅让她非常不舒服,还会使她思想难以集中。然而,不少远道而来的访客是利用休假,专门抽时间来拜访她的。每当这时,她就靠着祷告、带着顺服的心与访客们交流,向他们传福音。因着蔡女士的信心和顺服,神借着她在一个个有需要、有病痛的客人身上彰显大能。全国各地的学生、牧长也络绎不绝地来到蔡女士的暗室,在此得着生命、得到造就、受到激励。我们在蔡女士生前的访客登记本上,就看到"我今天就信耶稣"的留言。

蔡女士还常常请秘书帮忙,给来探访她的人写信或回信。她的记忆力极好,记得许多来访者的家人或孩子,常为他们的需要祷告,写信鼓励他们。她所做的正像她所说的,每个人都需要鼓励,鼓励给人带来信心、创造奇迹。由她带领信主的人不计其数。

使者协会的事工和使命

如前所述,"基督使者协会"是由蔡锡惠夫妇与周主培牧师，于1963年在华府共同注册。其实早在这之前，蔡夫妇与周主培牧师就与一些热心的校园同工，对中国留学生的福音事工有负担。1957年，"基督使者协会"首次举办了夏令营会，营会后又创办了《使者》杂志。同工们也越来越明白神的带领、看到了校园事工的需要和成果。李曼家族捐赠乐园镇的"使者农庄"，是对海外校园事工极大的支持和鼓励。1974年初夏，是查理·李曼宣教士赴华宣教100周年纪念日，"基督使者协会"正式迁入"使者农庄"。从此，使者协会的事工全面展开、迅速发展。

引领校园学生归主，是基督使者协会成立的宗旨。他们与北美华人教会、查经班配搭，在校园里从事查经、布道、门徒训练及生活辅导等事工；通过夏令营、密集训练、福音营、大陆文字事工、单身事工、婚姻家庭事工、教职员联网事工等传播福音，引领学生学者归主，并在信仰上扎根、灵命上成长。《使者》杂志、使者书房着重文字事工，广传福音。

1983年起，使者协会组织三年一度的"华人差传大会"，目的在于传递普世差传异象、激励华人信徒全职奉献、激励华人教会参与全球差传大使命。

周牧师说，从2001年底费城举办的华人差传大会可以看出以下几个趋势：

1. 北美中国大陆学生学者参与的人数比往年增多。
2. 不少事业有成的中年人，开始思考如何使自己的后半生更有意义，并询问如何参与神国事工。
3. 与会者中，ABC（America born Chinese）有500多人，约占四分之一，人数比往年明显增多。

周牧师说，这么看来，如果我们帮助这三类人士创造更多的机会，让他们加入到教会或宣教机构的队伍中，就能更好地扩展宣教事工。

做神国事工的杠杆

周牧师说，基督使者协会的作用和地位，就如同一个拓展全球福音事工的杠杆。

他说，当年蔡小姐在暗室之中就是神重用的杠杆，蔡苏娟小姐吸引着全国各地的牧者、信徒、慕道友来到暗室中。她虽在暗室，但对全球宣教事工有深入的瞭解，并常常给出一些好建议，尤其在拓展事工方面，蔡小姐有特别的恩赐，显示出超人的才思和判断力。她常常强调培训同工、造就信徒是宣教的重要环节。

如今，使者协会正是沿着蔡小姐当年的异象，不仅着眼于校园事工，还开拓一些培养神国工人的事工。我们邀请华人基督徒教职员向华人学生传福音，也借助他们在校园的影响力，让他们与已有神学训练的同工搭配，使校园内的福音事工更有果效。

我们问周牧师，在事工方面，蔡小姐对现代人有什么影响？周牧师说，知道蔡小姐的当代人估计不多，因为她1984年就去世了。然而，她留下来的书，影响却是深远的，大陆的许多基督徒都看过她的书，被她的见证所激励，这也是文字的力量。

问到使者协会将如何善用农庄土地，周牧师说，如今农庄的大部分土地，是低价出租给当地的农人耕种，所得收入支持着协会的运作。长远的构想是，把农庄建设成一个可容纳几百人举行退修会的营地,再就是建成退休之家,供退休或提早退休的基督徒居住,同时可鼓励退休人员参与协会事工。不过这是相当大的工程,需要大量资金,周牧师与他的团队一直在凭信心祷告,求神来成就这个大事。

"总之,神有祂的蓝图和计划,我们也许看到的只是点和线,但只要我们尽心竭力做好神的管家,神就会使用我们。我目前所在的总干事位置,实际上就是一个管家的角色。"周牧师真诚、谦逊地说。

最后,周牧师用蔡小姐常爱说的另一句话鼓励我们:"你若足够深,神会让你足够广。"(You are responsible for depth. God is responsible for breadth.)

通过采访,我们与周牧师一起再次受到了激励,周牧师更是容光焕发,散发出一种勇往直前的朝气。他激励我们善用自己的恩赐,在文字事工的道路上不畏艰难,还说文字本身就是很好的杠杆。

注:采访者 许芸 刘哲基 杨蓓蓓,执笔者 许芸

原载于文字营特刊《下笔如有神》,2002年9月

从民主斗士到神国忠仆

——远志明印象

> "上帝爱中国,爱占世界人口五分之一的中国人。经历了半个多世纪无神论洗脑的中国人,只有将信仰重建在基督里,才能真正被拯救。"

只要上网搜索一下,就可以看到许多关于远志明先生的介绍。

他的简历大致如下:

- 电视政论片《河殇》撰稿人之一,中国人民大学哲学系博士候选人;
- 1989年流亡到海外,民运通缉犯之一;
- 1990年到达美国,为美国普林斯顿大学访问学者;
- 1991年受洗成为基督徒;
- 1992年入读密西西比改革宗神学院,获跨文化研究硕士学位;
- 1995年加入《海外校园》作者团队;
- 1999年参与创办神州传播协会,任总编导。

21世纪80年代末期的中国,风云变幻,当时远志明参与撰稿的七集大型记录片《河殇》风靡神州,还记得那时中央电视台重播此片,引起全国民众极大的反响。印象最深的是,我看完此片后感觉沉重、压抑,不得不思考"人生的出路在哪里?""中国社会的出路在哪里?"随着学潮和民运的到来,《河殇》被定性为"反革命暴乱的蓝图",遭到封杀。远志明因参与民运被通缉,不得不流亡海外。

几年前看我过一部专题片——《十五的月亮》,是介绍远志明经历和信主心历路程的访谈。

当时,经历了人生骤变的远志明流亡他乡,内心常有失落感。他在美国接触到基督教会的弟兄姐妹,被邀请参加主日崇拜和查经班。看见教徒们虔诚敬拜上帝,彼此互相帮助和真诚相爱,他感觉很温暖。对比身边一同流亡海外的民主人士,还没站稳脚跟,就开始争夺领导权、勾心斗角,与当初他们发起民运,争取民主、自由、平等的初衷相去甚远,令他失望。

《圣经》中耶稣的话那么有智慧、有力量,常常让他震惊叹服。耶稣在马太福音第五章说:"要爱你们的仇敌,为那逼迫你们的祷告。这样就可以作你们天父的儿子;他叫日头照好人,也照歹人;降雨给义人,也给不义的人。"远志明感觉耶稣好像在天上、代表人类的主宰,以关怀全人类的胸怀来对世人说话。

"那不是站在人类同一水平上说出来的话,是站在天上,指着阳光雨水向人类说话。"远志明想。当时他还非常憎恨邓小平和李鹏,认为恶有恶报,不是不报,只是时辰未到。然而,《圣经》却明明教导说要爱仇敌,还要为逼迫自己的人祷告。起初,他实在无法为自己憎恨的人祷告,但越读圣经,就越觉得圣经的话有力量、有智慧。他发现"共产党的哲学是斗争的哲学，而基督教传讲的是爱、是真理。"他反复地读经、思考，想到神无条件地爱世人，爱自己这种满是缺点和罪性的人，心中无比感动，渐渐地心平气和下来，不再有恨了。

他认真查考《圣经》，思考人生的大命题，终于明白上帝才是大爱的源头，他愿意降伏在这个大爱中。

1991年4月28日，远志明受洗成为基督徒。他永远忘不了这个日子，那天，他跪在地上祷告："天父啊，一年前我失去了地上的父亲，一年后我却得着了天上的父亲。"他深信这是神给他的第一个印证。

从那时起，远志明的思想和人生都开始发生质的改变。他说当年一腔热血推崇民主自由，感觉自己救国救民很高尚，但现在回头看来，却不过是罪人想救罪人。这如同自己拔着自己的头发想离开地面，那怎么可能？因此，人类需要一位有更高智慧，也就是创造我们的上帝来实行拯救。上帝差派祂的独生子耶稣，道成肉身来到人间传讲福音，遭受羞辱直至被钉十字架，都是为了把我们从罪中救赎出来。耶稣三日后复活，向人类展现出神完全的救赎计划。

神的大爱吸引着、改变着远志明。他说，与神走得越近，离政治便越远。回顾人类历史，哪个国家，哪个民族不是举着正义的旗帜，互相骂来骂去，打来打去？多少家庭不是因相爱而结合，又因相恨而分离？归根结底，就是人把自己当成了神，还希望做别人的神。事实上，充满罪性的人怎可能成为神？把人当神，最终总是失望。历代帝王，不仅被推崇为神，自己也自认为是真龙天子，可以替天行道，结果是百姓遭殃，生灵涂炭。他认为，人类要拯救自己，首先必须有一个与上帝合而为一的心灵。

在研究历史的过程中，远志明发现，上帝是全人类的上帝，耶稣是全人类的救主，他也在中国留下了痕迹。有关天地被造、伊甸园、亚当夏娃、四条河、两棵树、大洪水、彩虹等等，从中国历史记载上也能找到类似的传说和记载，还有不少成为脍炙人口的神话故事在民间流传。七集纪录片《神州》，以回顾的方式纵观了中国上下五千年的历史，发现中国历史可以分成两个时期，由春秋前推二千五百年，是中国人敬畏上天的时期，那时称上帝为昊天上帝。后面的二千五百年，皇帝取代了上帝，真龙天子夺取了上帝的荣耀，中国历史的悲剧便由此开始。

纪录片《十字架——耶稣在中国》，回顾了近百年来，上帝借着西方传教士，将福音传到中国。因政治原因，教会和基督徒遭到逼迫而四散各地，反倒把福音带到了他们所去的地方。结果，半个世纪里，中国的基督徒增长了100倍。1949年中国大约有六七万基督徒，至今约八千万。这种增长速度世界罕见。

"上帝爱中国，爱占世界人口五分之一的中国人，而经历了半个多世纪无神论洗脑的中国人，只有将信仰重建在基督里，才能真正被拯救。"远志明说，"我们人类，在创造宇宙万物的上帝眼中，如蚂蚁和尘砂样渺小，但我们却常把自己当神，要把神放在显微镜下研究透彻了再接受和相信，那怎么可能？只有仰起头，凭信心，就像当年，凭信心相信老师教的一加一等于二，是绝对正确的数学法则那样，相信创造我们生命、拯救我们生命的主，我们的灵魂才会苏醒，才会不死。否则，我们不过是一个肉体活着的死人。"

为着这个信念，远志明以他哲学的思维方式，以他降服于主的谦卑和忠诚，在传扬福音的道路上步履不停地见证神的大爱和作为，见证自己的生命改变。他的十二集见证讲道《我为什么信耶稣》影响了无数人，他去各处讲道，带领了无数大陆同胞决志信主。

每一年的国殇节长周末，若歌华人教会都会牵头举办美东地区最大的福音布道会，与会者近千人。今年的布道会请来远志明作主题讲员，与几年前相比，他消瘦衰弱了许多，传说他身体有恙。他作风低调，营会中只见他像普通人那样悄悄走进餐厅，拿了食物坐到一个角落的桌子进食。我好不容易找到他，表达了要采访他的意愿，他用微显沙哑的声音说："除讲道外，我没法说更多的话了。我的喉咙正在发炎化脓，很疼。"接着又微笑地补充，"不过一上台就不觉得疼了。"

我想远志明是神大大使用的器皿，祈求神给他更多在地的日子，带领更多人认识耶稣，得到救恩。

注：远志明于2009年10月25日在旧金山湾区被按立牧师。2014年底因柴玲指控的强暴案而震惊华人基督教界。2015年2月，远志明辞去神州传播协会职务。2016年3月复出。有人问我怎么看这个事件，我说，如果我们眼睛盯着人，早晚会跌倒；如果我们定睛于无瑕疵的耶稣基督，就知道该怎么做。如果这个回答不能令人信服，那就去读大卫王的故事吧。

写于2005年国殇节，修订于2020年3月

爱主助人 永不言退

——记张陵兮牧师感恩餐会

"我会用彩虹来形容你。因为彩虹（红、橙、黄、绿、青、蓝、紫）的七彩颜色意义非凡，代表了你的生命力就像彩虹般的美丽、缤纷和灿烂！"

七月的最后一个周末，是盛夏高峰，高温高湿的天气，让出门的人们总要三思而后行。然而，有一群弟兄姊妹，比暑热的天气还热情，相约不管天气如何，不管驱车多远，不见不散。原来，他们有共同的朋友——张陵兮牧师。为庆祝张牧师按立牧师、服事教会和社区二十周年，他们从纽约、宾州、新泽西驱车前来相聚，假新州中部成都食府，欢聚庆祝。

我与张牧师相识于 2005 年宾州"神国资源为基督"（KRC）文化营，之后每年我们都会参加培训在营地相聚。我们曾相约一起看日出、看晚霞，一起漫步修道院谈心，虽然她总爱穿黑色的牧师服，但温和、亲切、谦逊的态度，却让人感觉像邻家大姐，许多同学喜欢直呼她的英文名——Mary。

张牧师原籍广东茂名，出生于贵阳，因父母相爱于嘉陵江而得名。Mary 之名是一位叫静安的宣教士给起的。张牧师在台湾和香港受教育后，曾任中、小学教师。作为单身妈妈，她中年带着三个孩子来到美国进修神学、心理学并接受院牧训练。1996年被按立为美国福音信义会牧师,先后牧养过主恩堂、诸圣堂、圣雅各堂,同时担任信义会医院(Lutheran Healthcare Center)院牧,同时长年在老人中心做义工。她说当年没有机会服事年长的父母,现在服务老人是一种补偿。如今,张牧师任长岛道成肉身堂主任牧师,同时参与红十字会及纽约救灾院牧服务组织。

张陵兮牧师

张牧师涉猎甚广、多才多艺,她喜欢音乐、美术、文学创作。美国"9·11"事件后,她曾开办50余场免费音乐会安抚社区居民,还曾创作音乐剧《最后晚餐》,兼任音乐指导。音乐剧在康州公演深受好评。她非常喜欢传统的《荷顿晚祷》,鉴于这些诗歌只有英文版,为了让更多中国同胞了解、享受这些诗歌之美,她便翻译成中文,结集出版。

感恩会上,张牧师的学生、朋友,从各国各地发来信函,回忆张牧师给他们的印象、对他们的帮助。几位二十年前的学生来信感人至深,摘录几段:

"记忆中的Mary,声音很有朝气,做事很热情,也有冲劲,对于陪伴我们这群念书的年轻人有使命感,她陪伴着我们度过了年轻时懵懵懂懂的日子。那时的我们有的在学业上有疑惑;

有的在感情上有困扰；也有对未来人生很徬徨；而每周的查经团聚、诗歌敬拜，就是我们大家分享生活见证点点滴滴的快乐时光。Mary 的陪伴与带领，是一点一滴的，如滴水穿石般地影响着我们的信仰生活。她带领我们学习研究神的话语，寻求神的智慧，信靠神在我们生命中作主。虽然我们这群在费城念书的学生们结束学业后，分别到世界各地，为各自的生活而奔忙，但学生时代 Mary 对我们的影响却是一生的！"

"20 多年前的一个晚上，教会举办了一个夏令营，有一个晚上，我们大伙儿坐在草地上彼此畅谈和分享。当时，张牧师问我们，如果要用颜色来形容她，我们会用什么颜色？我不费思量，立即说：'我会用彩虹来形容你。因为彩虹（红、橙、黄、绿、青、蓝、紫）的七彩颜色意义非凡，代表了你的生命力就像彩虹般的美丽、缤纷和灿烂！'我欣赏她积极的人生态度，勤劳的工作作风，以及认真的处事风格，她是我们每一位年青人学习的榜样。"

KRC 文化营的创办人高俐理师母，刚从外地出差归来，昨日下飞机，今日不顾一身疲劳，从宾州驱车三四个小时赶来参加聚会。她在会上发言赞扬张牧师在写作上积极进取，在侍奉中敬虔认真。亦师亦友的郭渊斐、刘永龄老师也回顾了与 Mary 的友谊，都认为张牧师是一位极有恩赐、敢于开拓、富有闯劲的神仆。她如同一团火，又像一台发动机，不知疲倦地工作，激励着周围的人。

KRC 文化营的老同学、家住佛罗里达的韩甲华大姐，遗憾无法前来参会，特意写了贺函，托我在会上朗读。这封信很能代表我的心意，也说出了我们对张牧师的印象，摘录存念：

"最亲爱的 Mary 牧师，这些日子妳银铃般的笑声不住地在我脑际迴旋、笑容在我眼前浮动……

想起妳的笑声——爽朗如侠女、喜乐如赤子；想起妳的歌声——敬拜赞美时的妳，圆润饱满的声音如袅袅的馨香；想起妳的赞美声——"好佩服你喔！"这句话你常挂嘴边……，妳的词库里储存了满满的欣赏与赞美，自然真诚地发送，受者虽然觉得有愧，却是一帖帖激励人超越、向上的良方；想起妳的哭声——那年妳摔伤腿，打了石膏、挂着拐杖来参加 KRC 的团聚。敬拜赞美时刻，妳坐在最后排，Janifer 坚持要替妳剪脚趾甲，之后还有人为妳按摩，妳感动得大哭。当时我们都眼望讲台，假装没听见，然而，老友啊！如今实话实说，妳毫无掩饰、奔放的号啕声，可真是惊天动地喔！！！"

美国信义会福音事工中心（Center for Chinese Ministry, ELCA）主任陈文雄，也写了《贺张陵兮牧师封立牧师20周年》，他对事奉岗位上的张牧师，做了概括性的总结：

事奉主是一条不容易的道路，我们為张陵兮牧师封立牧师20周年感谢主。许多教派没有按立女牧师，信义会按立女牧师，因為他们与男牧师同样受上帝的拣选和呼召，她们同样有牧会的恩赐，感谢主。目前全美国有27间华人教会属于信义会，其中有三位女牧师，张陵兮牧师就是其中之一。

张陵兮牧师是一位有语言恩赐的牧师。她精通国语、广东话和英语。所以她可以在国语、广东话和英语教会事奉。她过去曾在信义会广东堂牧会多年，目前在信义会长岛"道成肉身堂"的英语部牧会，她也设立了国语部为华裔移民服务。她是我们信义会唯一一位能在白人教会里牧会的华人牧师。

张陵兮牧师是一位有爱心的牧师。她除了牧会外，也参与医院的院牧工作。她是一位合格的院牧，她特别关怀临终病人。

她的爱心使许多临终病人和家属得到安慰和扶持。我们为她的爱心感谢主。

张陵兮牧师热心华人事工，每年都参加信义会华人同工灵修会。她是一位多才多艺的牧师，会唱歌，会弹琴，所以每次同工灵修会，她都参与音乐服事，担任司琴、带领敬拜。如果讲员讲英语，她就成了翻译员，把英语翻译成国语，使参加的同工能更好地获得讲员传讲的信息。我们为她的热心感谢主。

我代表所有美国信义会华人教会，祝贺张陵兮牧师封立牧师 20 周年，愿主继续赐福张牧师，有能力和体力天天服事主，荣神益人。

在感恩餐会上，张牧师回顾了二十多年的事工和感恩，她一句没提自己的辛劳，提的都是在服事过程中受到的优待和感动。她还带来一些画作和翻译的《荷顿晚祷》诗歌本，义卖或赠送朋友们留念。

张牧师说，她如今已经到了退休年龄，但她不会退休。在她的心目中，还有好多事工和梦想有待去实现。她希望把自己曲折的人生故事写出来，与大家分享，还要成立布鲁克林福建话少年合唱团。她还希望，今后与一些弟兄姊妹住在同一个村，大家退而不休，各有各的服事项目。这样能彼此分享代祷，也能相帮相伴共走天路。

我非常荣幸被邀请参加这个纪念活动，并有机会带领梦露演出小分队，为聚会献歌献舞。几位朋友介绍了一个长期资助张牧师事工和生活的项目，希望借此能让张牧师的梦想成真。

这时，两节圣经浮上我的脑海，就作为送给张牧师的贺词吧：

"他要像一棵树，栽在溪水旁，按时候结果子，叶子也不枯干,凡所做的,尽都顺利。"(诗1:3)"我一生一世必有恩惠、慈爱随着我,我且要住在耶和华的殿中,直到永远。"(诗23:6)

美好的一天,感恩的一天,散去时大家依依惜别,笑容更加灿烂。

原载于《新州周报》2016年8月11日

光明而立体的时安

也许在神的眼中，一个精彩的生命并不需要太长，而在于有意义和价值。就像时安，光明磊落，敢做敢当，如同一盏灯照在人前。

认识周时安，是在1993年的秋天，我来美探望父母。

那时，作为教会福音朋友的特例，经长执会讨论，我被允许先受洗，再补上受洗班。于是，在受洗班与时安等弟兄姊妹成了同学。

有一次课后，时安开车送我回父母家。一路聊天得知，时安的太太素如还在外州读书，带着五六岁大的女儿，正准备搬来新州。时安给我的印象是：英俊潇洒、善于思考、积极上进，很有家庭责任感。受洗班结束后，时安也领洗成为基督徒。

再见到时安，是1998年我们全家移民来到美国，我回到若歌教会。那时正值时安任乡音团契主席，他欢迎我们回到若歌教会乡音团契。

两年后，也许是意外，也许是神的带领，我被推上了教会杂志主编的位置。时安多才多艺，文学功底深厚，自然成了我锁定的约稿对象。我约他写一篇介绍乡音团契的文章，他在百忙中完成了文稿。那时电脑汉字功能不能兼容，他寄给我的文章几乎一半是乱码。因时间紧迫，而他又是大忙人，我便连猜带蒙地重新打字，又急忙送上级审定修改，再请高年资文学前辈校阅。付梓之前，文学长辈提醒我：时安不喜欢别人改动他的文字，你送印前一定要让他过目。我在教会崇拜与主日学的间歇中找到时安，让他看稿，他看后显得很不高兴，说："这都不象我写的文章了。"可是教会已经规定了发刊时间，不容我们再做修改，只好送去印刷。

一年后，教会文字执事要交接换届，教会推荐时安接管文字执事。当时新一期杂志正在编辑，仍是我任主编。我建议当任文字执事召开一个编辑会议，邀请还未上任的时安弟兄，一起来商量杂志今后的发展方向。会议中，时安大胆地提出了他对教会杂志的看法。然而，他说的那句"教会以往的期刊不忍卒读"让我感觉非常刺耳，这不仅否定了过去十几年，历届编辑团队的辛劳，也否定了负责文字事工长执们的水平。

从此，我心里便对时安产生了看法。时安接管文字事工后，给我来过电话，好像是考察我是否够格继任杂志主编。与时安的谈话模式几乎是我每说一句话，他就引用一节圣经来纠正我。那通电话让我感觉非常压抑，以往与教会牧师和多位长老、执事沟通都从来没有这样的感觉。放下电话，我反复思想，想来想去，感觉是自己之前处理他的文稿时，做得不够周到得罪了他。当然，更可能是自己的水平离他的期望距离比较大。我心里很明白，不太可能与他继续合作。

后来他组建编辑团队，把教会期刊命名为《灯塔》，还期望有朝一日杂志在全美公开发行。当然，他没有邀请我加入编辑团队。我也为自己被挡在教会文字事工之外难过了一阵子，但觉得还是应该就自己在主编任上发现的问题，提出自己的看法。于是写了一份近五千字的报告——《关于拓宽拓深若歌教会文字事工的设想》，递交给教会牧师及负责文字事工的长老。

在时安的带领下，教会杂志有了明显的突破和发展，教会对文字事工也更加重视，增加了投资。让我欣喜的是，我报告里提到的好几项改革和建议，都在之后教会文字事工中体现出来了。时安还组织了文字写作和编辑的主日学课程，鼓励弟兄姐妹们积极投稿。其实时安在音乐、朗诵、教导等方面都很有恩赐，成为教会执事后，他的这些才能也得到充分发挥，台上台下常见他的身影。不得不承认，他是一位被神拣选和使用的人才。

然而，一个大寒的日子，他在送太太去飞机场的途中，车子打滑发生车祸，引发了主动脉瘤。动脉瘤压迫喉返神经引起干咳，胸片检查发现了原因。确诊后医生要求时安立即住院手术。时安形体肥胖、患有糖尿病。我在大陆时是内分泌专科医生，外科收治的糖尿病人，手术前常请我们会诊，拟定出手术前后控制血糖、保证伤口顺利愈合的治疗方案。这一类的病人术前准备至少要一周，病人要停下常规的治疗，以静脉点滴胰岛素的方式，把血糖控制到非常平稳的状况，才可能保证手术后顺利康复。而时安进院后第三天就做了手术，当我听到这个消息，心里"咯噔"一下，但除了为他祷告别无他法。

果不其然，术后伤口愈合不好，还出现了感染，时安不得不再次入院手术。他经历了常人难以忍受的痛苦，几乎可以用起死回生来形容。教会上下切切为他祷告，我在祷告中求主：主啊，祢破碎一个弟兄，也不至于下如此的"狠招"吧？求祢保守他的性命，让他继续为祢发光发热。

两次手术的时安，经历了很长一段时间的康复。当他回到教会和团契时，整个人瘦了一大圈，他说体重减了约 40 磅。而最大的变化是，他原先自信、刚毅的容貌大大改变，换成了谦和慈祥的笑容。在团契做见证时他说，在病床上，神启示他看到了自己的骄傲和膨胀，要他一一向曾经起过冲突的教会长执、弟兄姐妹们道歉、和好。他问神，难道都是我的错吗？神说，反正我要你去道歉。见证会上，他说自己身上现在有两个长长的伤疤，组成了一个十字架，这次病痛让他真正体会到，什么叫背起自己的十字架。从今以后，他要效仿耶稣，谦卑地服事主、服事人。他还打算进神学院修读神学课程。见证会末了，时安公开向大家道歉，并深深鞠躬。从那之后，我感觉他完全变了个人，与从前大不一样，谦和有礼，一点架子都没有。也许是我看他的眼光发生了改变。

时安 50 岁生日时，乡音团契的弟兄姐妹自发地为他组织了一场庆生会。然而，就在庆生会后数日，时安在睡梦中被主接走了。听到这个消息我大受震动、思绪难平，一个活生生的生命，怎么这么快就消失了呢？

追思会上，我忍不住痛哭。一是为他手术前后我没有主动上前，从专业的角度为他提供一些参考意见而懊悔；二是为神国损失了一位基督的精兵而惋惜。我相信，经过神破碎又重建的人，是更能为主所用的器皿。

然而，"神的道路高过人的道路，神的意念高过人的意念。"也许在神的眼中，一个精彩的生命并不需要太长，而在于有意义和价值。就像时安，光明磊落，敢做敢当，如同一盏灯照在人前。我想，用"光明而立体"来形容时安是合适的。

安息吧，时安！相信主会看顾你放不下的亲人和事工！

原载于《周时安纪念集》，2009 年

抹不去的记忆

——怀念陈文乔

文乔头也不回地径直往前走，身着蓝白相间的西服，背影如我初见他时一样壮实。阳光照在他身上，他进到光中。一道白色的门从通道的壁间伸出，挡在我面前。

一支生命的烛光熄灭了。记忆中，仍是文乔健壮的身影，洪亮而富磁性的声音。

新州文化社团"春节联欢会"上，浓眉大眼的文乔，见到我的第一句话就是："你的大耳环令人印象深刻，我记住你了。"言语坦诚率直，眼神清澈见底，加上握手时传递过来的温暖，我知道，这是一位可交的朋友。

晚会结束前，女儿抛出自己手编的三个中国结，最大的那个落在了文乔手中。嵌在结中的珠子是白底蓝字的"寿"字。聚会结束后，文乔捧着中国结来到我们面前，喜形于色地说："有缘有缘，小妹妹，我一定要为你出一本书。"

交往中得知，文乔有皇家血统，儿时当过电影童星。他从小聪颖好学，改革招生制度后，没上大学直接考入研究院，之后来到美国读学位。强大的好奇心，驱使文乔不断扩充自己的知识领域，无论绘画、摄影、写作、编辑、音乐；不管文科还是理科，他都涉猎甚广。他还于不惑之年自学钢琴，并自创容易记忆的琴谱，可说是少见的才子。

2003年5月，文心社决定召开"文心丛书新书发布会"，文友们鼓励我把作品结集。当我询问文乔夫妇创办不久的"柯捷出版社"，是否有可能在一个多月的时间内，帮我编印书籍，文乔想都没想便一口应承。其时，他们正准备外出度假庆祝银婚。

我赶紧着手编辑书稿，待他们返回美国，离新书发布仅剩二十几天。就在这二十几天里，文乔璧华加班加点帮我排版、整理图片、设计封面，再加上校对、修改。我的第一本文集《另一种情书》终于按期出炉，从整理文稿到成书，仅仅用了40天。柯捷出版社也创造了出版业的奇迹。

新书发布会上，文乔捧着我的书说："不理想，不理想，近来天气潮湿，又赶时间不能等，字墨有点透纸背。"我按捺着激动的心情翻看自己的第一本书，如同捧着个新生儿。书的编排印刷都很精美，根本看不出有什么缺陷。心想："文乔是个实在的读书人，不是生意人。"

让我不安的是，从第一次见面到再见，仅仅四个多月，文乔的头发几乎全部变白了，脸色也由红润变得苍白和憔悴。以我十几年临床行医的敏锐，看出这是典型的出血性疾病面容。我反复询问文乔的健康情况，并叮嘱璧华一定要带文乔去检查身体。

发布会后文乔突然回国，口实严紧的璧华姐这才告诉我：文乔便血已经三个多月。文乔还特别叮嘱璧华姐不要把消息外传，以免影响大家的情绪。便血三个月？情况不容乐观！

文乔回上海后，我一直追问璧华，文乔检查结果如何？谁知璧华姐告诉我，文乔不愿随从送红包走后门的习俗，回国两三周后还在排队等待检查。电话中的我忍不住对璧华姐大喊起来："都什么时候了，还等？送多少红包都得送，争取早日确诊！"在这种与死神赛跑的当儿，百分之九十九点九的人都难以清高，而文乔就属于那百分之零点一。

为文乔身体担心的同时，也为他的灵魂担心。根据自己多年探索灵秘世界的经验，加上自己与死神擦肩而过的体验，我确信人有灵魂，并且死后会去不同的地方。璧华说，文乔一向崇尚科学，虽然家族中佛缘颇深，但他不相信任何宗教。

有一次，我们一同被邀请去朋友家聚会，文乔与我讨论起信仰话题。他说，为什么基督教这么狭隘，而其他宗教却显得更包容？我知道他指的"其他宗教"是什么意思。虽然我认同佛教佛理劝人向善的正面作用，但基督教信仰确实是排他的。我说："比如一个人家的儿子，别人给糖、给玩具，同时有个要求，就是要孩子称给糖人为'爸爸'。你说，这个孩子的真爸爸是生气更符合逻辑呢，还是包容和接纳更符合逻辑呢？"文乔看着我，一下子不知道怎么回答。

不久，他给我来信，题为"自由女神就是我心中的上帝"。我想虽然他是在用距"心"一尺远的头脑，以理性的方式去理解那位属"灵"的上帝。甚至把信仰、宗教、文化混为一谈，但并不影响我们的友谊。我知道对他可以有话直说，而他也决不会为了讨好我，而虚伪地顺从我的意思。

我在回信中说："亲爱的文乔兄，我很欣赏您的坦诚和真实。我相信，世界上每个人都有信仰，只是所信不同而已。很多人只信自己，信自己的能力，信自己可以主宰自己的思想、意识和行为。尽管如此，人却无法主宰自己的生命，只有赐生命予人的上帝才能。每个人都有自己的价值观和世界观，若没有认识到人死后会有一个不灭的灵魂，没有认识到灵魂将有个去处，就不会渴望被拯救。上帝是宽厚的，因此给了人自由意志，信不信是每个人自己的选择。"

文乔结肠癌手术不及时，发生肝转移。第二次手术，因包围肝脏大血管的转移肿瘤已经无法摘除，不成功。我们知道，文乔的时日不多了。然而，他总是打起精神，在网上回复朋友们的问候。交谈中发现那段时间，他读了许多有关信仰的书籍。再去看文乔，一个壮实的汉子消瘦得只剩骨架，我忍不住与他相拥痛哭，感觉无奈又无助。后来他在电话中对我说，他为朋友的真诚而感动，同时又为自己确实不能接受基督教信仰而难过。

文乔走的前三天，我梦见他。他正在向人介绍"柯捷出版社"，我也兴奋地帮他推介。我们走进了一个四面木板的通道，通道尽头有白光照射。文乔越走越快，我在他后面跟不上，距离渐渐拉大。我大声呼喊："文乔，等等我！"文乔头也不回地径直往前走，身着蓝白相间的西服，背影如我初见他时一样壮实。阳光照在他身上，他进到光中。一道白色的门从通道的壁间伸出，挡在我面前。我知道再也见不到文乔了，心里沉重。在沉重中醒来，感觉却是平安，直觉告诉我，文乔会去美好的天家。

对于他为什么穿着蓝白相间的西服，我想了很久，最后想到，应该是那个"寿"字蓝白珠幻化而成吧。文乔，安息吧，天堂再相见！

原载于《他按自己的活法而活》，柯捷出版社，2005年

见您含笑在天家

——写给二舅

您环顾一下我的屋子，只见屋子四周的角落都挂着蜘蛛网，您很严肃地对我说，该好好打扫打扫自己的屋子了。

亲爱的二舅，复活节又到了，每到这个节日，都不禁想起您。您离开我们归天家，已整整二十五载了。当年，您静卧花丛中，含笑如生的祥容，又浮现在我眼前，是那样清晰，那样感动人。

您也许看到了，当年您的离去，对整个制药厂几千位职工，对所有认识您的人，造成了多么大的冲击。那段时间，人们都在思索：为什么像您这样，有能力又肯干的好人；像您这样，能吃苦又无私的好干部；像您这样，身体强壮、精力充沛的人，会这么不堪病魔的攻击？49岁被击倒，50出头就被夺去了性命。为何您能使一个药厂扭亏为盈、全面开花、全国闻名，却找不到医治自己病痛的良药佳方？

六十年代中，跨出大学校门的您被分配到"南京制药厂"，这个成立于1935年的老药厂，在当时的中国有一席之地，您也踌躇满志、准备发光发热。没想到，一场持续十年的政治风暴席卷全国，工厂停工，生产瘫痪，人人必须被"过筛"。尽管您在大学期间品学兼优,在工作岗位上认真又胜任,但不幸的是您出身于"剥削阶级"家庭,被列为"黑五类",必须接受改造。您从技术部门被分派到艰苦的生产第一线,与工人们同吃同住同劳动。三十年代建的老厂,许多工艺还靠原始的体力操作,许多机器也已经老化,车间里弥漫着酸苦的药味。您对我们说起那段经历,还忍不住露出沉重的表情,下意识地摇着头。

也正是从那时开始,您产生了一个强烈的愿望:有朝一日,一定要彻底改造这个最累人的生产线。抱着这个信念,您开始偷偷自学外语,在重体力劳动之余,不几年您就熟练地掌握了英语和日语。还记得吗?您曾乐呵呵地告诉我,半导体收音机是您的好老师。

七十年代末,国家开始意识到国民经济的重要性,开始抓经济建设。这如同一股春风吹进了您的心田,您阅读了大量的中外文资料,综合自己在生产第一线的劳动经验,与药厂的实际情况,拟定出切实可行的,生产线工艺改造方案。新的生产线将采用自动化和半自动化装置,把工人们从重体力劳动中解放出来。方案被审核批准后,整个工程由您担纲领导完成。新的生产线成为制药行业创新的标杆,陈慕华副总理率领团队前来参观和取经,并给予高度评价和赞扬。

制药厂肯定了您的成就,看到了您的能力,提拔您为总工程师,之后,又提拔您为业务副厂长。您获得了发挥专长的好时机,同时也感觉到肩上的担子沉重。毕竟这是一个三千多员工的大厂老厂,一个个车间的改造、改革不是简单的事情。您不负众望,倾注了全部热情和精力,得到管理层干部的支持,和工人们的理解,大家同心协力一起奋斗。从那时起,您便进餐、休息无定时。舅母说,数不清多少次,您半夜归家,累得一进家门就倒在地板上睡过去。

您付出的一切，换回了生产的蒸蒸日上、订单的纷纷而来，也唤来了不少愿意合作的商家厂家。曾经忧心忡忡的职工，开始兴高采烈地谈论日益增多的奖金和福利。1992年，"南京制药厂"被国务院确定为大型企业，成为国家制药工业重点单位之一。这其中，您付出的心血和代价只有自己和家人知道。

为了招商引资，您少不了参加宴请和喝酒，无夜无休的劳累，侵蚀着您的体质。记得最后见您面时，是1993年春天，您出差来广州。当时，我见您面色灰暗，曾提醒您好好检查一下肝脏。您毫不在意，只顾向我们介绍工厂的现状和远景。您还说，外国厂商邀请您赴美考察，您正在办理一应手续。

不知何时，您染上了乙型肝炎，引起肝硬化、门脉高压、食道贲门血管破裂出血，您彻底倒下了。广州的那一面成了我们的最后一面，那一聚成了我们最后的一聚。

亲爱的二舅，您不仅是工作上的能手，也是有情有义的好丈夫，您爱家，爱女儿，爱每一位亲人朋友。逢年过节，您不忘买了礼物，去看望年迈的岳父母。我们的外祖父病重，您千里迢迢把他接到身边，联系最好的医院给他治疗。我和妹妹在南京读书时，得到的照顾不亚于在父母身边……

我曾问您，是如何娶到美丽能干的舅母。您告诉我，在被贬下放车间时，许多人疏远了您，可是二舅母却欣赏您，她力排众议，关心您、照顾您，不仅陪伴您走过那段最孤独、最不公平的日子，还成为了您的贤内助和工作上的好参谋。说到舅母，您总是露出满意的笑容。

1995年春节，我收到您的亲笔信，您问候我们的同时，嘱咐我今后多多关心舅母和表妹卿卿。可恨我的粗心，认为您可以写信，而且字迹清楚刚健，一定是病情稳定、没有危险了。哪里会想到仅仅一个多月，就传来您离世的噩耗？得到消息时我一阵眩晕，更多的是后悔，后悔自己为生计而忙，没有安排时间去看望您，更没有向您传福音。

当我奔赴南京送别您，见到广场上成百上千的工人自发来参加您的追悼会，就知道，您是多么受工人们的欢迎，大家多么舍不得您离开。领导的悼词给予您高度评价，工人们也说，您是为他们，为这个厂累死的！

追悼会上，您们的老邻居莫阿姨告诉我，您卧病期间她们一家去看望您，向您传讲了福音。她还组织一些弟兄姐妹为您祷告，送给您《圣经》和许多属灵书籍。弟兄姐妹与您讨论信仰，为您解开一个个疑团，您终于明白神爱世人，耶稣是我们的救主，认罪悔改成为基督徒。姐妹们告诉我，您在病榻上每天花很多时间读经祷告，直到生命的末了。

二舅啊，您是有福的。您在辉煌时期，奔波时期，无暇思考生命的问题。当您病倒，并确知自己面临死亡时，上帝的使者立即出现在您身旁。我知道，是主陪伴着您平安地度过了最后的日子，并在复活节的这一周，把您接去天家。

您知道吗？您去世时，一些好心人曾教二舅母用佛教仪式来祭奠您，二舅母也决定这么做。然而，圣灵感动我们弟兄姐妹迫切祷告，最后决定为您开一个追思会，向亲朋好友陈述您信主的经过。当二舅母明白，您是去了比阴间更明亮美好的天家，多日来的愁云惨雾一扫而光，露出了笑容。舅母当即撤去了灵台上的供物，换上一束鲜花。

这么多年来，我只梦到您一次，而我确信，那是一个异梦。有一段时间，我放松了对自己的要求，没有每日读经祷告与主亲近，随心所欲偏行己路。一天晚上，我梦见您来看我，您还是那么高大健壮，慈祥温和。您环顾一下我的屋子，只见屋子四周的角落都挂着蜘蛛网，您很严肃地对我说，该好好打扫打扫自己的屋子了。我羞愧难当，在羞愧中醒转，久久回忆您的音容笑貌，体会您话语中的深意。

二舅，永别了！您歇了病痛，歇了劳苦，归回天家不觉已整整二十五年了。您都好吗？相信当我们相聚天家的那日，看到的您仍然那么健壮、容光满面！

写于 2000 年 3 月，修订于 2020 年 3 月

有限生命无限爱

亲爱的二姑，感谢您把我们一大家人带到了美国，让我们惊奇地听那来自天上的福音。

二姑，您走了。您安详地躺在棺木中，脸上的皱纹舒展开来，眉宇间的沉思随风而去，置换过股骨头的双腿，再也不须艰难地移动；两次骨折的手臂，再也不须操持日间杂务。85岁高寿，是上帝的赐福。其实，您早已准备和盼望安歇主怀。

那年，一家人围桌而坐，为您庆祝80岁生日。您举着"前不见古人，后不见来者"的字牌，向亲人述说上帝对您一生的带领、赐下的恩典。您说："时光匆匆，天地悠悠，前人刚走，后人又作古了。我们怎样在有限的生命中，在无限的宇宙中，找到永恒的答案？这是人生最重大的课题。"平日少言寡语的您，读着花了三、四个月准备的回忆录。稿纸上，排满密密麻麻娟秀的字，也排满您几十年风风雨雨的沧桑。

1950年初，在京城读神学院的姑父感觉到不平安，临时决定旅居南洋。姑父经香港去了马拉西亚，您却带着表姐留守家乡。在中学教书的您，以微薄的收入，供应一家六口的生活和弟弟的大学费用。1962年，在好心人的帮助下，您终于赴南洋与姑父团聚了。

当我还是个十来岁的孩子时，就听父亲说起，您如何孝敬父母，热爱弟妹和自己的学生。照片上的您，容貌端庄又慈祥。看着照片上您美丽明亮的大眼睛，感觉既遥远，又亲切。父母收到您的信，总是悄悄看完，仔细锁在抽屉里。而我，总会想方设法去偷看。您的信末尾总是写着"以马内利！""主恩满溢！"尽管我不明白是什么意思，但那些字句，一直像磁铁一样吸引着我。

七十年代初，您一家由南洋移民美国，入籍后唯一的愿望，就是把父母和我们几个侄儿女申请来美。您知道，身为乡间牧师的祖父，从小给你们几个孩子施了婴儿洗，然而，父亲却在无神论的教育下，离开了起初的信仰。

在无神论国度长大的我们，"耶稣基督""神的恩典""宝血救恩"好比天方夜谭，我们雄纠纠高唱的是"从来就没有什么救世主，也不靠神仙皇帝"。父亲要我们追求的人生目标是做一个高尚有用的人。

亲爱的二姑，感谢您把我们一大家人带到了美国，让我们惊奇地听那来自天上的故事：童女怀孕、耶稣诞生、医病赶鬼、死而复活……我们知道了"人有灵魂，灵魂不死"；我们知道了，耶稣的宝血可以遮盖我们的过犯；我们知道了，生命不仅仅是肉身几十年，还可以永远。

当我认识并接受耶稣为我个人的救主，眼睛的鳞片脱落了，心里的城墙坍塌了。原来，人生的哲学不是"斗争的哲学"；原来，世间有超越骨肉亲情的爱；原来，人生不论如何坎坷，都可以活得平安喜乐；原来，二姑慈祥可亲的眼神，来自于心底的大爱。

因着爱，您资助贫苦学生度过难关，鼓励失意学生生存下去。

因着爱，您几十年如一日，为我们全家赴美和信主祈祷。

因着爱，您那不到千尺的小屋，让初到美国的父母和小妹，同住了半年之久。

因着爱，您不间断地向福音朋友传福音。

因着爱，您常常询问我们在信仰上的新体验。

因着爱，您每年圣诞节精心包裹好十几份礼物，准备好丰盛的晚宴，邀请我们欢度。

因着爱，您支持姑父研究圣经，让姑父购买了上千册图书。

因着爱，您与姑父风雨无阻带领教会弟兄姊妹，用八年时间查考完《新约》，又接着查考《旧约》。直到您去世的那一周，教会程序单上才写着：因许白莲姊妹去世，查经暂停。

您走了，走得那样突然，连一句话都不曾留下。脑血管破裂出血无情地夺去您的意识，两天后又夺去您的生命。对于这一天，您似乎早有预料。表姐说，您从一年前就开始清理家中的物品，捐的捐，送的送，还交代，用您留下的钱设立一个基金会，资助家乡贫困的学生。您还说，很想回家乡、回母校去看看……

捧起您最后的日记本，工整的字体停留在 2005 年 5 月 3 日："这段时间是艰难的时刻，深信主能亲自照顾……要好好利用时间。"我无法猜测您近两年心思的千迴百转，但我知道您在病痛中坚忍。双腿行动不便，让您屡屡跌绊摔跤，手腕部的骨头断了一次又一次。见到您，慈祥中带着痛苦，却从未听您抱怨一句。问候您身体如何，您总是说："每一天都是神的恩典，要感恩。"

二姑啊，整理您床头堆放齐整的杂志，封面上有您娟秀的笔迹，记下您已阅的日期。数十种报刊杂志、多个福音机构的代祷信，是您关心神国大使命，乐善好施的明证。追思会上，花圈簇拥着您端庄慈祥的照片，您紧闭的双唇关着许多经历，也关着许多秘密。出自于您口的，永远是如春风般和煦的话语。亲友们说，在美国奋斗遭遇挫折、忍受孤独时，总会想起向您倾诉，也总能从您那里得到安慰。我们夫妻带着女儿移民美国，第一次去拜访您，您就把自己穿过，或有心收集的近十件大衣统统送给我，温暖顿时灌满我全身。那时女儿13岁，反叛的言语和行为常让我们感到窘迫，您看在眼里，在我耳边轻声嘱咐：这孩子需要爱，要多多关心她。

2007年3月24日下午1点30分，您的肉体生命画上了句号。追思会上，从菲律宾远道赶来的三姑和表姐与我们一道见了您最后一面。参加告别礼的弟兄姊妹和亲戚朋友，几乎全部参加送葬行列，长长的车队在蜿蜒的路上亮灯前行，为您这位主的好女儿送行。

二姑，您歇了地上的劳苦，安息在天父怀抱。85年的日日夜夜，是您身体力行的美丽音符，微笑散发着主的大爱，言语传递着主的智慧。我彷佛看见天使穿着洁白的衣裙，手持各种乐器，吹拉弹奏着优美的旋律，迎接您来到主恩宝座前。我彷佛看见，主翻开"生命册"，找到您的名字，微笑地对您说："白莲，你是我的好女儿，又忠心又良善。我接你来天家，让你早日脱去肉身的病痛。你祷告并以信心撒下的种子正在开花、结果，您就放心地与我同在吧！"

是的，二姑，您就放心安歇吧，日子满的那一天，让我们在天家欢聚！

原载于《飞扬》杂志第58期，2007年10月

也是艺术也是诗

我则觉得她是紫色女子,兼有红色的热情、蓝色的悠远。给人以雍容、华丽、典雅、浪漫、神秘、成熟、高贵之感。

好多年前就听文友提到,西岸有个女诗人兼作家,名字叫施玮。印象中,信主的诗人不多,从大陆来的更少。于是,这个名字就像图章一样,烙在了我的记忆中。

署名施玮的文章渐渐在《海外校园》,及北美几个文学杂志上露面,或长或短,总让人过目不忘。文句中传递的气氛有诗的韵律、水的流畅、风的婉约,还有一份阅历的深沉。时而让人感觉这是位敢作敢为有才气的女汉子,时而让人感觉这是个顽皮耍娇又浪漫的小女子。我无法想象,这两种大相径庭的性格,如何在同一个人身上揉和。嗯,真想见见这个迷一样的女人。无奈喏大的美利坚版图,把东岸和西岸支隔得太远。

那年,混进了"海外华文女作家协会",一查会员名单,发现施玮也在里面。心里一乐:这下应该有机会在年会中相见了。是女汉子还是小女子,当面好好研究。

有缘人相见比设计的来得快。一天,收到一份稿费,谢函上有两行娟秀的小字,下面的签名是"施玮"。几天后,一位喜欢文学也爱主的弟兄对我说,你与施玮应该认识认识。我说,久仰大名,读过其文、见过其照、收过其函,只不知哪年哪月能见上一面。于是,网络"红娘"把我们牵到了一起,我们互送了自己的个人专辑,并约定当年底,借着一个基督教大会相聚芝加哥。

采访,需要先调查被采访者的背景行踪;见人,最好摘下有色眼镜凭直觉。本着这一原则,我未做任何准备,直奔大会指定的《海外校园》摊位,问:"施玮在吗?"一位卷发披肩,正低头点算杂志款项的女子抬起头来,答:"我是。"面带笑容,慧诘的眼睛放着探问的光。"我是梓樱。"话音未落,她热情友好的手就伸到我面前,大气和主动顿时显现。

这时,过来几位俊男,与我一样,都是慕名来见施玮的。真是有缘人心灵相通,一个握手一个微笑就成了熟人。我吆喝着照相照相,大家簇拥着列成一排,一致邀请施玮站中间。谁知,施玮一个劲往边上躲,红着脸,口里嚷着:"我站边上我站边上,我一见帅哥就发怵。"女汉子瞬间变成了腼腆的小女子。这一嚷一躲,引得众人开怀大笑,弟兄姐妹之间的距离立时变成了零。

与施玮再相聚(2012年)

这时,我才开始仔细打量施玮。深棕色挑染的披肩发,大波浪中闪着荧光;一对紫色调为主的大耳坠在浓发中半藏半露,随着她转身回头而飞舞,既不太含蓄也不太张扬;胸前的长坠链与耳环配套。上身着高领过臀棉织套头衫,是那种可以把半只手藏在袖子里的少女款,外加一件深色短款外套,把她丰满结实的身材修饰得凹凸有致。我想,她怎么会这样摆搭,正装不像正装,时装又不完全是时装,看上去既时尚前卫,又不失端庄大方,色彩搭配也很协调,不论她如何变换女汉子与小女子的性格,这套衣服和首饰都恰如其分。

"对胃口"的人自然会凑到一起吃饭。就餐时,我们相约在角落里的小桌坐下,数千人的大会午餐,我们眼对眼,居然听不到对方以外的声音。

她说,基督教文学在华语世界还是个空缺,需要人去探索。她说,从探索到成功的路也许要走好几代,我们这一代基督徒作家全心身投入,也不过如同一个海滩上拾贝壳的小孩。当然,任何开拓不都是从拾贝开始的吗?她左肘支着桌子,展开半躲在衣袖里的手掌横扫一下,既坚决又果断。接着,她的思维跳跃到名利。她说,我想不通,为什么许多人到了不惑之年,还有那么大的干劲追逐名利。我笑道:"名利不是坏东西,想得到的人就有追逐的干劲。你二十来岁就轻而易举得到了,所以想不通。"我说,一个作家,一个诗人,没有"名"谁买谁看你的作品?没有"利"怎么糊口?我们一来一去,把整个午休时间嚼得精光。

接着,我们密谋在大会的最后一天,开溜去参观著名的芝加哥博物馆。我们对芝加哥都不熟悉,我是那种手上没有地图,便不敢去陌生地方的人,她却说:"不用怕,我走南闯北游过许多地方,跟着我,丢不了!"女汉子气派一出来,让我立即有了安全感。

那天,她穿着绛红色的长大衣,方型格子绒披肩对折成三角,披在大衣外面。披肩发已经被她收拾成小发髻,罩在带舌呢帽里。蓝色牛仔裤从大衣下边露出来,登一双轻便鞋。这身打扮干脆利落,却有点奇怪,我是绝对没胆量穿在身上。我们上了去市区的火车,一路摇晃,一路聊天。一个多小时后,火车到了终点站,这才发现,我们早坐过头了,要往回坐六站。坐就坐,我觉得与施玮聊天比看画有意思得多。

我问她,这样早出名找对象是不是很麻烦?她说,不麻烦、很顺利。我说,你问过你先生喜欢你什么吗?是才华,是气质?她说,我长得不漂亮,他说喜欢我好玩,像个孩子。说着,她回头对我莞尔一笑,十足一个幸福的小妇人。我也不知道,自己为什么对第一次见面、敬仰已久的诗人作家,会这么口无遮拦地问这些隐私问题。而她却毫不回避,大大方方回答我每一个问题。她还大方地掏出皮匣子,取出他先生的照片给我看,黑白照片上,一位二十多岁的小伙子眉清目秀、英气十足。从她的言谈中,能感觉得到她的婚姻很幸福,她也把先生定格在最完美的时期。

满足了我的好奇心之后,她又把话题转到神学,说,系统神学能帮助我们打牢信仰根基,建立信仰框架,这样,在写作的过程中就不易出偏差。接着我们谈到文化,谈到语言,谈到诗词,她都见解独到。她说,不要担心没有灵感,不要担心没有文彩,灵感文彩都是从上帝而来,只要与上帝的关系对了,灵感会源源不断,文字会有价值。

我们像多年的老朋友一样交谈,她时而反问我,时而又被我发问。当她向我提问时，总是扭转头，眼睛直视我的眼睛，停顿片刻，这片刻足以刺激我的脑波震荡几个来回。然而，我却感觉久逢知己般的甘畅开怀，没有丝毫压力。

火车到站了，兴致正浓的谈话被打断，有点遗憾。其实，我哪懂赏画，只是想跟着施玮沾点艺术气息，只想多一点时间探究一下这个迷人的女子。

她很老练地在我前面领路排队，一看便知她是博物馆的常客。等我接过售票员递过的票子，一转身却不见了施玮。我茫然地环视售票大厅，还是没见到她，正拿不定主意是在原地等待，还是往里走，她却不知从哪儿钻出来了。这时的她已经脱去大衣，身上斜挎着一个小包。她好奇我站在大厅当中浪费时间，问："你怎么不上洗手间不存衣服？存了衣服，上了厕所就轻装了。"说着，她撩撩袖子，正正帽子，活象个准备上战场的"红卫兵"。我感觉自己是进了大观院的"刘姥姥"，还好她一点没察觉我的尴尬。

她说，来到博物馆我就兴奋，我有很多画家朋友，赏画的嗜好不亚于写诗的爱好。我可以不吃不喝呆在博物馆一整天，可以闹着先生开十几个小时的车送我陪我。说着，她又回转头对我莞尔一笑，既幸福又满足。

她决定先陪我看我喜欢的，再自己慢慢欣赏其他的。我们决定先看莫奈，再看宗教画。我说，博物馆中的画我很多看不懂。她突然转头直视我："为什么要看懂？！"接着说，看画如读诗，太直白的诗就是臭诗，看画不必明白它的意思，而是看一种感觉。她说她特别喜欢莫奈，那种朦朦胧胧的感觉很富诗意。她说，搞写作的人要经常看画，并试着用文字把画面描述出来。她领着我从一幅幅画前走过，教我怎么看整个画面，再怎么细看笔触，如同给我上艺术启蒙课。

我要赶下午的飞机，必须先离开，便与施玮道别。回程路上，我满脑子都是施玮和她讲的话。我知道，在今后的日子里，她的言语会对我产生很大的影响，无论在信仰上，还是写作和艺术上。

我怀着满足的心，把她藏进了我的"好友抽屉"。几个月后，见到洛杉矶文友聚会照片，其中有施玮，想起了与她在一起的时光。去施玮的博客一逛，发现她早已把在芝加哥的合影放到网上，下面题着：与作者梓樱情投意合。

友情就是这样，如同珍藏的珠宝，偶尔戴戴就心满意足；也如封存的上等蜜，想起时品尝品尝，就觉甘甜满怀。虽然搁置一季，或者一年，然而，她那里题着，我这里惦着，再一见面便又是"千杯少"了。

有人说施玮是粉色女子，我则觉得她是紫色女子，兼有红色的热情、蓝色的悠远。给人以雍容、华丽、典雅、浪漫、神秘、成熟、高贵之感。虽然她在网上的知名度很高，作品也甚丰，但所有这一切，都远不及与她见面交谈来得生动，她先生的话概括得最为恰当：好玩！

写于 2007 年 4 月 9 日，修订于 2020 年 3 月

石村印象

石村和"纽约桃花"几乎异口同声地说:"我们也信主了,决定在复活节主日一起受洗。"

认识石村,从他的马赛克大钱作品开始。

去年末,与"纽约桃花"等文友相约,在曼哈顿中城的绿杨邨餐馆聚餐。走进餐馆,我便被悬挂在左面墙上的百元人民币作品吸引。

这巨幅作品,是"纽约桃花"的先生石村所作。尽管从大陆出来的人,对这百元大钞再熟悉不过,但当我站到它面前,仍不由得感觉到震撼。整幅作品长约2.6米,宽约1.3米,是用一块块1.5厘米见方的马赛克油彩整齐编排而成。我们聚聊的话题,便从艺术家石村的人生与创作谈去。

在我的记忆中,从来没有哪一位画家画钱币,就算贫穷潦倒、生活靠弟弟接济、生平只卖出一幅画的梵高,也没画过钱币。挖掘故事的好奇心,促使我脱口问"纽约桃花":"你先生怎么会想到画钞票?"

从桃花口里我得知,石村自幼对色彩敏锐,更有几位贵人恩师,早早发现了他的才能。在物质匮乏、工资微薄的八十年代初期,有一位老师竟定期给他送颜料,鼓励他不要停止绘画。

石村几次考美术学院，都获得专业第一的成绩，但却因文化课的成绩不合格，被拦在了美术学院门外。然而，门槛拦得住人、却挡不住天赋和才华，挡不住大鹏展翅，20岁左右的石村已显露出别具一格的创意优势。八十年代后期，石村来到艺术大都会纽约，比众多街头艺术家幸运的他，仅几年时间，作品就进入画廊参展，并受邀去欧洲和台湾巡展。

在台湾逗留期间，石村的独特装束，引起了著名导演、慧眼星探王财祥先生的注意，于是他被邀参加"新新人类"系列广告片拍摄。石村以纽约街头艺术家的本色出演，一举成为台湾家喻户晓的摇滚娱乐明星，当时风靡台湾的电视连续剧《七侠五义》的片头歌曲，就是由石村原唱。八个月内，石村就推出了自编自唱的个人专辑。

之后，石村转战美国音乐电视台，成为MTV音乐台亚洲部头牌主持人。逐渐显露跨界艺术天分的石村，创意源源不断。石村因制作与主持《60分种看美国》节目，踏入了商界，开始创办自己的公司。他创办一个，包装一个，转手卖出一个，就这样先后卖了四个公司。商海沉浮16年，石村看尽人间百态与商场的翻云覆雨。有一天，一位商人得知石村之前是个绘画艺术家，便出价五千元人民币，要石村为他作一幅画。这一要求引起石村的深深思考——且不说停笔前，自己的作品已卖到万元一幅，积累人生经历十几年后再动笔，必定远超当年的价值。货币与艺术之间到底是一种怎样的关系？难道艺术在附庸风雅的商人眼里，是可以随便出价定制的吗？拜金意识是否已渗透到艺术界？这一切的一切，不就是因为钱吗？石村突发奇想——干脆给这商人画张人民币吧！

石村想到，在电视镜头里，出现不想让观众看清的画面时，常常用马赛克来屏蔽,至于屏蔽背后的画面,任人去想象。这一灵感,开启了石村艺术生涯的新里程碑,由近两万格马赛克组成的百元人民币大钞诞生了!随后,石村又作了五幅色彩稍异、精致如一的百元大钞,组成一个系列。作品完成后,他受邀参加了北京与纽约的多个展览。

石村洞悉到,中美之间的角力,实际上是货币与贸易的争雄,货币大咖——美金屹立不倒,称雄世界,于是他开始了马赛克美钞的创作。石村先后用了一年多时间,创作出正反两面的一元巨幅美钞。他还自己动手制作木架,将正反两面的美钞油画,镶嵌成立体作品。他把作品命名为"王八客"(One Buck),也就是"一元钱"的意思。2015年,由大拖车承载着的一美元大钞,在纽约街头巡展,开创了"流动博物馆"之先河,所到之处,无不被围观、拍照、询问。

如今,马赛克油画作为石村的独创,被越来越多的艺术家推崇和藏家收藏。

听了"纽约桃花"的描述,我很想见见石村,这不仅因为我对艺术家好奇加敬仰,还有一堆问题想问他。比如,为什么不少著名艺术家,要到死后,作品才被人追捧并卖出高价?比如,艺术家的灵感真的与酒精、毒品和性紧密相关吗?比如,为什么石村早期的画风,与他停笔16年之后的画风完全不同?再有,他为什么总是在跨界跨行获得成功之后,说放下就放下,另起炉灶玩新花样?他独创的马赛克画法有什么新挑战等。

与石村、"纽约桃花"相约在新州中部的"巴黎饼屋"见面。我喜欢饼屋敞亮雅致的环境,一长溜靠墙的沙发,精巧浅灰的塑料桌椅,加上漂浮于空中的饼香,让人心情舒畅。

然而,三人碰面时,石村却建议去隔壁的"功夫茶坊"。

他曾与朋友去过,喜欢那里的木质桌椅。看来艺术家喜欢自然质朴,与我这文学爱好者的小资情调大相径庭。进到茶坊,大声的现代音乐与隆隆的磨咖啡豆声夹杂在一起,迫使来客扯着嗓子说话。石村又开口了:"在这里,大声说话没人觉得我们奇怪,我们也不影响别人,我看你也是喜欢大声说话的人。"我一楞:艺术家的洞察力果然极强,居然知道我也喜欢大声说话?我想起,自己曾几次与朋友在公共场所聊得忘乎所以、手舞足蹈,抬眼发现,周围的食客或游客不无怨怼地看向我们,不由得再次叹服艺术家缜密的心思。

待石村与"纽约桃花"在桌对面坐定,我努力把先前听故事留下的石村印象,与眼前的石村联系起来,哪还找得到当年那个长发过腰、满脸桀骜、袒胸露臂、怀抱吉他的艺术家影子?只有他那对黑色耳环以及放在身边那件色彩斑斓的夹克衫,让我觉得他与我头脑中的艺术家形象沾点儿边,我感觉他更像一位邻家大哥哥,准备好了让你随时提问。

"纽约桃花"递给我石村出版的新画册,我嚷着:"艺术家,签名签名。"石村却让我先把名字写在纸上,说怕自己把我名字写错了。这一串谦和、谨慎又周到的言行,一改我"艺术家令人敬仰,却不易接近"的偏见。

我们谈起艺术,我说:"我不懂艺术,尤其看不懂现代艺术。"石村却不同意我的看法,他说人人都懂艺术,只是看艺术的眼光不同,衡量艺术的标准不同而已。我说,文艺复兴时期的绘画不仅美,而且让人人都能看懂,也易受感动。近现代作品中,有的仍然很美,有的却让人匪夷所思,比如法国画家安格尔的《泉》(Spring)多美,可杜尚那个也称为《泉》的尿壶,无论如何,我也看不出美感。还有被称为超现实主义的德国画家达利的作品，那些怪异的、夸张扭曲的人体肢解画面，别说美感了，简直是虐待我的眼睛。那次，我去费城看他的个人作品展，从博物馆出来，好多天心里都不舒服。

我问他："是不是现代艺术也像有人形容现代诗歌那样，'越是让人看不懂的越是好作品？'"石村说，这是对艺术的扭曲，艺术首先应该给人带来美感和愉悦，艺术应该回归自然，也回归大众。我向石村直言，看不懂他早期的作品，只感觉有暴力和血腥，与重金属摇滚乐的感觉一样。石村说，"你看，你懂艺术啊。"

他说，那个时期的他就是那样，充满叛逆却不自觉。他的画、他的音乐和他的穿着打扮都被称为带有先锋气息，他自己却没有觉得与别人有什么不一样。

我说："你现在的画我能看懂了，感觉厚重还带有哲理。"石村说，我就是希望今后的作品能回归大众，回归美感。看来，石村把"王八客"拉到大街上巡展，正是在身体力行"让艺术回归大众"。

我很想听听石村制作马赛克油画的过程。石村说，马赛克油画不同于一般油画，不仅颜料多好几倍，每小格的色彩和排列都要考虑到，多一格或少一格都会影响直观效果和感觉，构思的时间往往比创作的时间还要长。他从开始准备创作就基本与外界隔绝了，整日都在画室里琢磨、清理、准备、构思，脑子里只有作品。

一旦动笔，就如同进入"闭关"状态，调配需要用的油彩，千遍万遍地从调色板上刮取油彩，悬空着胳膊，一次又一次摁到面前垂直的画板上。刮取颜料的多少、往画版上摁颜料的力度以及马赛克排列的精确度都高度要求一致。他工作时精神高度紧张，每一两个小时就要停下来休息，喝水吃零食补充能量，甚至打个小盹。每天工作 10 小时以上，连续干一个多月才能完成一幅作品。

桃花说，石村作画期间，整个人看上去都是木木的，如同活在另一个世界。石村说"是的，精神必须集中到完全不被日常事务干扰的地步，这在起初画马赛克画时很难做到，现在不难了。"看来在艺术领域，也有"苦行僧"啊！

从媒体报道得知，酒精、毒品和性常常是艺术家灵感的来源，我问石村，这是不是也是他的写照？

石村说，圈子里不少人确实是靠这些来激发创作灵感，但他从来不碰毒品，就是吸烟都会感觉不舒服，朋友们也知道他的情况，从不勉强他。至于喝酒，石村坦言，醉一次就如同大病一场，非常难受，所以也很少醉酒，只是晚餐时喝点红酒，帮助松弛过于紧绷的神经。

谈到情感，石村相信所有经历过的人和事，都是命定的，都是有原因的，也是帮助自己成长的。我笑了，说："你这话怎么听起来像基督徒说的？"石村和"纽约桃花"几乎异口同声地说："我们也信主了，决定在复活节主日一起受洗。"难怪啊，从见面起我就觉得石村与我脑子里的印象不符，平安、谦和取代了激情四射。

我想起石村马赛克作品中有佛像也有十字架，尤其是那有光晕的十字架，非常端庄有气势。我们的谈话就转到了信仰。石村说，他从小就对哲学、宗教、科幻、自然界非常感兴趣，他无法理解几千年前没有电钻，人类就造出了金字塔这样伟大的建筑，总觉得它是一种神力的创造，抑或是外星人的帮助。石村说，"在文学艺术界，常听人说创作是为了表达，可对我来说创作一直是探索，探索生命和神秘世界。"

难怪，他总是在一个行当做得很好的时候转行，哪怕被同行或经纪人看好，也会毫不迟疑地放下，就是因为在成功或掌声中，他还是觉得不能完全获得满足，觉得缺点什么。比如年轻时，画作被德国博物馆收藏，他会问自己，我就这么画下去吗？靠作品卖好价钱，过上好生活？好像不是。待出了个人音乐专辑，在台湾演艺界受追捧，他又问自己，就这么唱下去，赚大钱、过好日子吗？答案又是否定的。后来，在商场上摸爬滚打，总算摸到了一些门径，又觉得不是自己要一直走到老的路。就算创造了马赛克画法，在北京艺术家聚集的宋庄有一个300平米、6米高的大画室，布置得如同世外桃源，自己也进入到宋庄最核心的圈子，拍卖、画展路路都通，但好像还是缺少点什么。

这让我想起著名神学家奥古斯丁的名句：每个人心中都有一个空洞，那是上帝按照自己的形状造的，只有上帝自己能够填满。我问石村，是不是已经明白自己的使命？他说是的，余生的使命就是要让艺术回归美，回归大众。我又问："可不可以用一个词来定义你自己，或者描述你的角色？"石村想了想说，"'信使'或'器皿'吧，我愿意被主使用。"

看来，刚信主的石村，就达到愿意全心身摆上让主使用的境界，真的是几十年的思考，而不是一时的冲动。"纽约桃花"说，真是这样，不仅她觉得石村突然变了，他的朋友们也说他变了。感觉他最大的变化是不再认为一切都是理所当然的了，更有感恩之心了，也变得不再那么自我中心了。

我问石村，听说你从前常与桃花闹分手，现在怎么看她？她是你的灵魂伴侣吗？石村说，"比灵魂伴侣更多，她是上帝赐给我的守护天使。"桃花笑笑说:"用'搭档'称呼我们最合适,我不愿意被人说成是石村的妻子,或石村被说成是'纽约桃花'的先生。"

石村说:"风筝不能没有线牵着,但线太紧了就会断。桃花从来不批评我,尤其对我的艺术创作,她真的懂我,也一直包容、支持和鼓励我。当然,有些处事观念不同引起争执还是难免的,但她真是我的天使。当我说要回到绘画,需要资金重建画室,还要买大量的颜料,只能卖房子了,她就顺着我把房子卖了。我长期中国大陆、美国两边跑,她一人带着两个孩子,学校开家长会,很多时候都是她一个人出席,真挺不容易的。现在,我把宋庄的画室解约了,也不再需要两边跑了。"看来这个"风筝游子"真正找到了方向、安定下来了。

我想起著名书籍《荒漠甘泉》中的一个小故事,说是有一根竹子,特别得主人宠爱,因此长得苗壮,也比其他竹子高。一天,主人要把它砍下放倒,它不理解,问为什么?主人说,不砍倒我不能用你。

竹子被砍倒后,主人要削去它茂盛的枝叶,那可是竹子的荣耀啊,竹子不情愿。主人说,不削去这些枝叶我不能用你,竹子勉强同意了。之后,主人说,我要把你里面的竹节打通,这可是最痛苦的事情。竹子伤心极了,问为什么为什么啊,我不是您最宠爱的吗?主人说,不这样我不能用你。竹子顺服了,它被主人打通,安放在山间,把山上的泉水引到山下,成为庄稼和人们的祝福。

这个故事说的是基督徒遇到苦难或困境时,常会诘问"为什么?"而在一次次经历后,终于明白了上帝对自己的设计,以及自己生命的意义和使命。然而,石村根本没问那么多"为什么",因为他几十年一直在寻找,一旦找到了,就认定了,就降服了,就心甘情愿地把自己献上了。这是他的福气,是他们家庭和朋友的福气,也必将成为艺术界的福气。

  石村找到了生命的答案,我也找到了想要的答案。让我们拭目以待,石村再次出现人生的腾飞!

       原载于《侨报》文学时代,2019年4月28日

走近文学前辈王鼎钧

鼎公确信"没有神迹,仍然有上帝;没有教会,仍然有上帝;没有圣经,仍然有上帝。"

近日,从《侨报》文学时代版读到,年届 95 岁高龄的作家前辈王鼎钧(尊称鼎公)在不到半年的时间又出了三本自选集,名为《云月精神》《江河旋律》《春秋花果》。我想,不论这些书落到谁手上,都会有如获至宝的意外惊喜。

认识鼎公是从文字开始,1998 年我刚到美国,面对满目的英文,久违方块字的饥渴催逼我走进图书馆,走向图书不多的中文书架。扫过眼前的书脊,一本《灵感》抓住了我,不过我有点小疑惑:灵感可是作家们非常宝贵的私有财富啊,这样公之于众,难道不怕被人拿了去用吗?

"灵感"长短不一,有的是短短几行字,最长的也不超过三页,真是些轻盈飘忽的灵感火花。有些像极短篇的小说或故事;有些是富含哲理的警世箴言;有梦境、有急转弯、有趣味文字,连路人有意义的对话也被收进了书中。

印象最深、也是书中最长的一篇,是第 107 号灵感。这是个完整的故事,说的是一位年轻人,暗恋上一位风尘女子,他决心背井离乡去奋斗、攒足了钱财回来赎她。20 年后,他攒够了钱回到故乡,却只剩下一杯清茶与一张照片的缘分了。这个故事对于年过不惑、连根拔起移居来美奋斗的我,震撼之大可想而知。从此便记住了"王鼎钧"这个名字。

一年后,我参加一个写作培训班,台湾籍老师不断提到"王鼎钧"这个名字,才知鼎公是非常知名的文学前辈。老师向我们推荐了一系列鼎公的书籍,我带回了《心灵与宗教信仰》与《左心房漩涡》,还有采访文集《走访捕蝶人》,这书中的第一篇就是对鼎公的访谈。

鼎公出版的书籍已有四五十本,在台湾出繁体字版,在大陆出简体字版,如今他仍然不断修改选编以往的作品,出精选集。经历过战争的颠沛流离与和平时期的白色恐怖,他在自传体四书中回望走过的路程,概括为三个阶段:第一是迷恋大我,轻贱自己,否定个人价值,崇尚纪律的阶段。第二是知道做人做事是一个漫长细致的工程,追求知识品德和韧性,健全自身优于指责他人的阶段。第三是发现人的极限,过滤人生经验,提高心灵的阶段。

我最叹服的还是鼎公对人生透彻的感悟和富有哲理的大智慧。他把人生分为四个时代,即兽的时代、人的时代、英雄时代、圣贤时代。这一划分令我拍案叫绝,思索良久,于是借用来比喻写作之人:初学写作的人,都从自己熟悉的衣食住行、感情经验开始,这算第一阶段。第二阶段的作家,会更多关注教育,关注社会,关注外在人事物变化,也试着去理解这个世界,理解人性。而真正进入第三阶段英雄期的文人不多,因为纯粹的文人和他们的文字永远处于"弱势",难以几部著作或文章改变世道。有时,他们作品的命运,甚至个人的命运,都掌握在别人手中。然而,文人同样可以在不断的精进学习中,进入第四阶段,即圣贤阶段。这个阶段的作者,不仅参透了人生，更体现出人文关怀，对生命有更多的尊重，对弱势群体有更多的悲悯。许多传世的名著中，就有忏悔、饶恕、救赎、感恩、包容等宗教情怀。鼎公的作品便已臻如此境界。

有人问，鼎公到底是基督徒还是佛教徒？因为他的文字中有不少涉及了佛教，感觉他佛缘不浅。我从《走访扑蝶人》的访谈中找到了答案，鼎公说他是拿了基督教的护照，办了一个去佛教观光旅游的签证。鼎公在《天心人意六十年》里回顾了他信主60年的心路历程，在颠沛流离的岁月，他每到一个地方都急切地去找教会参加崇拜，可不同的教会有不同的规矩，还有不少互相排斥的偏见。直到鼎公确信"没有神迹，仍然有上帝；没有教会，仍然有上帝；没有圣经，仍然有上帝。"而不再怀疑自己与上帝之间切实存在的关系。

鼎公在《唯爱为大》这篇文章里有一段话令我印象特别深刻，也解答了一直存在于我脑子里的疑问，就是作家如何身体力行"爱"。"爱是什么？爱是希望你好，尽我的力量帮助你更好，你比我好，我不嫉妒；帮助你，我不后悔。……以我来说，我是一个作家，我爱文学，也爱读者，我总是尽心、尽力、尽意把文章写好。我总是把最好的内容、最好的形式拿出来，希望对读者有益处。我的文章登在报纸上，人人可以看见；朋友看了，就是我爱了朋友，敌人看见，就是我爱了仇敌。照这样看来，'爱仇敌'，也许并不是那么困难。"

当然，与鼎公的交往不仅仅停留在阅读他的书籍，还在于近距离感受他的人格魅力。我于2010年参加了"纽约华文作家协会"，鼎公是协会的老会员，因此有机会常常见到鼎公，纽约的其他文学社团也常请鼎公发言。鼎公每一次发言都认真准备，把提纲写在纸条上，近年还见他老人家与时俱进，用手机代替了纸条。鼎公的发言充满智慧,富含哲理,还不失幽默和玄机。这就是为什么我与其他文友有同样的感觉,参加聚会只要能听到鼎公讲话就值了。

记得有一次,我与新州作家孟丝一起去纽约参加作协年会,当我们去交餐费时,被告知鼎公已经帮我们付过了。我脱口而出:"这怎么可以?"令我们尊重的文学前辈,应该由晚辈来请,怎么反倒让他老人家破费请我们?我们找到鼎公,要把餐费还给他,他却说,"你们从新州大老远过来,不容易,我应该请你们。"我不知如何形容当时的激动和感动,只在心里暗暗下决心要好好写,好好向鼎公学习。

近几年与鼎公的接触已经通过电邮,和鼎公太太王阿姨的微信。我收集了鼎公 20 多本著作,每每开卷有益,但我非常想读读他的《人生四书》。借着有一次准备去法拉盛参加鼎公演讲会的机会,我问鼎公手头是否还有书,鼎公事先就把书准备好,请王阿姨转交我,还不肯收我的钱。作为一位以文为生的老人,这叫我怎么过意得去?

鼎公那次演讲的主题是《境界》,非常精彩,对我触动也很大,我请求鼎公给我文字稿保存和学习,不久鼎公就给我寄来了《联合报》副刊发表的电子版。再细读,更加受触动。我通过邮箱把自己多年的困惑和思考告诉他:"作为基督徒,在教会时间长了,学习《圣经》的知识多了,有时真会进入'眼睛亮了'的误区。如果不去领会'爱人如己'的精义,就会走向狭隘,让人感觉远不如佛教圆融宽厚。"鼎公回信说:"宗教信仰有圆心,有圆周。作家不是守护圆心的人,作家是开拓圆周的人。开拓圆周要半径,半径越长,圆周越大,圆周越大,离圆心越远,但是,半径无论多长,也还是直通圆心。这才是我们的抱负。"多么形象和精辟的论述，让我很受启发。鼎公还鼓励我，作为一个基督徒作家，在写作上要追求精进。

2018年，我获得了"海外华文著述奖"的两个奖项，一个是"新闻写作评论类"首奖，一个是"新闻写作报导类"佳作奖。《世界日报》做了采访报道。鼎公读到了报道，特意委托王阿姨给我打电话表示祝贺，电话中我才得知，那段时间鼎公正抱病在家养息，真叫我感动莫名。

记得有一位老师说过这么一句话："人品达到什么境界，作品才有可能达到什么高度。"我想，鼎公的作品之所以有这么大的影响力，不仅深为广大读者喜爱推崇，也成为我们写作者效仿的榜样，是因为他本人的思想和品行都达到了令人高山仰止的境界。

原载于《新州周报》2020年4月23日

写作路上的领航人

引领我的几位师长，是基督里的精兵，是我文字路上的导师，更是有血有肉、可亲可敬的朋友。

今年是我信主的第 27 年，尽管一路走得高高低低，但知道圣灵始终在心中，引导和护佑着我。而我，如同一个调皮的孩童，不时被路边的花草吸引，或跑进灌木丛去玩耍，免不了被荆棘划得伤痕累累。然而，每当我清醒、回归正路，仍感觉得到神是如此地宠爱我。

从"马列主义老太太"到如今"自由的自己"，我始终不能忘怀引领我的几位师长，他们是基督里的精兵，是我文字路上的导师，更是有血有肉、可亲可敬的朋友。

高俐理老师

第一次见到俐理是 2000 年的 8 月，我去宾州乐园镇的"基督使者协会"所在地，参加由她筹办的"第二届文字营"。她使我眼前一亮，第一印象是美丽、时尚、活力充沛。第二印象是多才多艺。她能讲道、弹琴、带领敬拜，还做得一手好饭菜。第三印象是宽广、睿智、前瞻、行动力强。我总在想，神为什么把那么多恩赐降在一个人身上？获得神如此偏爱的人，是否要承担更大更重的托付?

高俐理是家族中的第四代基督徒。1865 年,曾祖父高长由英国长老会派遣、来自苏格兰的马雅各医生(Dr. James L. Maxwell)带领信主,一年半后成为全职传道人。之后整个家族一代一代传承着信仰,每一代都有牧师和传道人,现在已经到第七代。十几年前他们有一个家族大聚会,那时的家族成员就有上千人,依次按牧师传道人、医生、工程师等举手,牧师传道人和医生在家族中比例最高。如今家族亲戚遍布世界各地,留在台湾的几代人,帮助建立起 150 所教会。

高俐理是长女,母亲在怀孕期间就向神祷告许愿,说不论这个头胎的孩子是男是女,都奉献给神,求神使用。从小在基督教家庭、在教会里成长的俐理,8 岁就自觉自愿参与教会的工作,中学时已经可以独当一面准备 80 余人的饭食。

俐理进大学时修读的是音乐专业,后转到工科,成为一名工程师。几十年来她带职事奉,个人生命的见证影响了无数人。1999 年她兼职《使者》杂志主编时,发现基督教界参加文字事工的人数极少,便动了开

引领我的师长们
(左起:高俐理、苏文安、莫非)

办文字营的念头。她清楚地看到，基督教传播的困难，在于没有文化的土壤；在于走进了"圣""俗"之分的误区；在于教条、刻板、狭隘的经文；在于基督教术语；也在于"神爱世人"的简单道理，没有渗透到社会和生活的各个层面。文学、艺术、哲学、大自然及各行各业，都有上帝的足迹和指纹，但我们却常常把上帝圈在教堂之内。

文字营开办几年后，俐理经过祷告，领受了创办"神国资源为基督协会"的启示。本着"整合资源，装备信徒在家庭、职场、教会、社区中发挥生命的影响力，作神国资源的媒介与管道"的宗旨，将文字营扩展为"文化实务营"，内容包括写作、编辑、艺术、大众传播、行政管理、职场领导、家庭关系辅导、财务管理、心理辅导等等。一批又一批的学员来到营会，大开了眼界，开阔了心胸，更新了生命。最宝贵的是学员在营会中，发现了自己的恩赐，找到了今后的事奉方向。文化营也从北美开到了台湾。

文字的力量无远弗届，就如《圣经》可以流传到世界各个角落。2005年俐理通过祷告，从历届同工和学员中挑选有写作、编辑恩赐的弟兄姐妹，创办了《神国》(KRC)中英合刊的杂志。刊物秉承前瞻力(power of foresight)、突破力(power of breakthrough)、挑战力(power of provoking)、应用力(power of relevancy)、知识力(power of knowledge)、感动力(power of inspiration)、行动力(power of action)，分享"神国资源为基督"的异象与使命，勉励基督徒、挑战读者发掘本身的才十，不断突破自身及外在环境的限制与传统的框枢，在神所呼召的岗位上，发挥恩赐和才干来服事人，影响社会，扩展神的国度。这份没有固定财团和机构赞助的季刊杂志，凭着几乎全义工的编辑团队祷告、协作，至今已坚持整整 15 年。

我连续参加"文化实务营"有十几年，进修了文化营中的大部分课程，写作和编辑课程还重修过。在老师的带领下，不仅接受写作、编辑的启蒙，也接受各种文化艺术的熏陶，扩宽了眼界和心胸，找到了自己的恩赐所在，纠正了一些认识上的偏差，信心更加坚定。其实神并不是要每一个跟随祂的人都辞去工作当传道人，而是把不同的恩赐放在不同的人身上。祂对我们每个人都有美好的设计，只有明白了神在我们身上的旨意，按祂的规划，真诚地爱神爱人爱自己，就会每一天都感觉平安和喜乐。

苏文安老师

苏老师是文字营的老师，同样意识到基督教界文字工人极度缺乏，当俐理把创办文字营的想法告诉苏老师时，苏老师大力支持。从 1999 年夏天文字营正式开班，苏老师每年夏天从洛杉矶飞来宾州授课。第一年开了写作初级班，第二年开了写作班和编辑班。那时我正在编辑教会期刊，一口气连续上了两个班，真是收获大大的。

苏老师善于循循善诱，他编著的《你也可以动笔》，从最基础的训练步骤和方法开始，把许多有心要写却不知怎么写的学员带上了文字路。苏老师还善于在教学中使用电影片段，通过画面打开学员的视听感官，再通过分析、解读文学作品的范本，从易到难，逐步扩大我们视野的宽度和思想的维度。

阅读苏老师与他弟兄姐妹一起合著的、纪念父母的文集——《至于我和我家》，了解到苏老师祖父由笃信道教，到怀疑道教，再到认识耶稣、接受救恩，之后带领整个家族信主。苏老师的父亲苏铜钟、母亲谢守养育了他们八位兄弟姐妹，从小把他们带到信仰里，让信仰的种子在孩子心中发芽，也为孩子打下了牢固的信仰根基。直到孩子们长大分散世界各地，老父亲还以每月编发代祷信的方式把家族几代人联络在一起，彼此关心和扶持。

现在苏老师八位弟兄姐妹中有五位成为全职事奉的牧师、传道人，另三位带职的子女也是教会里的骨干和同工。我所认识的苏老师兄长、苏文峰牧师创办了《海外校园》杂志，引领了无数海外学者学子。另一位兄长苏文哲弟兄则为"基督使者协会出版部"经理。2000年，苏家弟兄姐妹为父母举行钻石婚庆典，已是四代同堂、近四十口人的大家族了。

自幼热爱文学的苏老师，喜欢看武侠小说和电影，而父亲怕孩子小会受世俗不良影响而竭力阻止，苏老师在几十年的学习和思考中认识到，文学艺术也是神创造的一部分，是允许基督徒去欣赏和享受的。

苏老师编撰的《品奇书觅真我》从不同角度赏析四大名著，而《入武林觅真心》，也以全新的视角发掘武侠小说的精髓，教导我们如何客观立体地去看世界，看人性。苏老师在课堂上与我们分享起武侠小说的精彩片段，如同一个纯粹的孩子，兴奋得手舞足蹈。原来基督徒也可以是可亲可敬的样式，脱去常人眼里刻板、教条、虚伪、无趣的形象。

苏老师总结推出的"七每运动"，成为教学经典，各届学员屡试不爽、受益良多。苏老师原为《爱家》杂志主编，后与几位志同道合的同工创办了《真爱家庭杂志》，秉承"守住真爱守住家"的宗旨，成为建造家庭、婚姻、亲子关系的指南。这本双月刊杂志每月推出焦点话题,从日常生活、家庭关系的方方面面进行探讨,就连孩子沉溺电玩游戏都给予关注。近 20 年来,这份杂志成为千千万万华人家庭的良师益友,也成为老师训练学生、展示学员作品的平台。

莫非老师

2002 年夏天,第四届文字营邀请到了北美女作家莫非老师当我们的讲员,给我们讲文学发展史,国外经典名著,及文学作品的写作技巧。

莫非老师给我的第一印象是气质优雅,思维敏捷,性格爽朗,极具吸引力。她的第一课就挑战我们对自己的定位。她说,写作人可以分成三类:第一类是为生活需要而写,此类称为"工具型";第二类是为点缀生活而写,此类称为"风花雪月型";第三类则因为写作本身就是生活的表达方式,称为"生命表达型"。

莫非老师全职写作前是电脑工程师,尽管自幼喜欢阅读,也不乏公主王子的美好梦幻,但她中学时来到美国,从大学到研究院毕业,再到后来参加工作,一直使用和开发着理性的左脑,且一直与英文打交道。神引领她走上文字写作道路,她便从拾捡方块字、大量阅读海内外文学书籍开始,全心身投入。这么多年下来已经著书近二十本,获得过不少奖项,同时莫非老师修读神学课程,获神学硕士学位,成为一名文字传道人。

在教学中,莫非老师展示出她极宽广的阅读和深刻的思考,她不时抛出激发我们头脑风暴的问题。她说写作不应该是一件随心所欲的"好玩事情",而应该是使命的呼唤。她说自己也有许多爱好，但不得不"放下自己的玫瑰"。

莫非老师说："读者只能看到作品角色的百分之十，形同冰山一角，但作者要用百分之九十精力和心血来塑造这百分之十。"因此，莫非老师阅读和写作时间的分配是8：2。她说，写作过程如同做研究课题或项目，经过命题、设计、收集资料、研究、布局和书写，写完之后还有修改和剃虚词等工序。

莫非老师用燕窝打的比喻令我记忆最深刻。她说："燕窝分为三等，头等的是关燕，这是海燕第一次做的窝，唾液的成份最多。当人们把它拿走后，海燕第二次做窝，这次唾液的成份减少了，羽毛的成份增加了，称为毛燕。当这第二次的窝再被人拿走后，海燕还需要一个窝栖息，这时它已经没有足够的唾液了，吐出来的唾液带着血，称为血燕。同样的，一个文字人若没有足够的广度和深度，就如同血燕，虽然呕心沥血，却没人愿意下咽。"

她还说："我们每一个人都是在神的计划之中，我们每一个人的经历都不会白费，关键是我们用什么眼光去看待我们的过去，去设计我们的将来，怎样将神的道活出来，而不是仅仅挂在嘴边。"营会中莫非老师还讲述了她的自身经历，见证神在她身上的作为，以及她面对死亡时的挣扎和思考，她勉励我们"把每一天当最后一天来活"。

2008年莫非老师与苏文安老师一起，在洛杉矶成立了"创世纪文字培训书苑"。书苑设立了各种系统的阅读、写作、文学鉴赏课程，常年培训基督徒写作者。十年来，学员在世界各地枝分叶散、开花结果。莫非老师几十年热情不减，有韧劲、有动力、有计划、有目标，孜孜不倦地在文学创作和教学培训的道路上跋涉，不负使命、执着勤奋地履行着一个文字传道人的职责。

  转眼写作近 20 年，老师们的教导时时影响着我的生命和写作。三位老师反复强调和教导的"工人先于工作，作者重于作品，真诚胜于一切"；莫非老师给我题字"无论得时不得时，总是要写！"我都会牢记心中。

2020 年 4 月

紀事篇

纪事篇

空前的盛会 灵命的复兴

——记葛培理牧师纽约布道会

葛培理牧师劝人们查看自己的内心，真正悔改，得到救恩。

美国现代福音传道"教父"、全球著名美国福音派布道家，86岁高龄的葛培理（Billy Graham）牧师，于本月24、25、26连续三天，在纽约法拉盛草原可乐娜公园（Meadows Corona Park），举行盛大布道会。三天来，近25万人次参加了大会，一千多名慕道友接受耶稣为个人救主。

1957年，葛培理牧师第一次来纽约，在麦迪森广场举行布道会。从那以后，他曾多次来到纽约地区布道，这是第八次。据统计，纽约地区约有320万人参加过葛培理牧师的

著名布道家葛培理牧师

布道大会，被激励、被感召。会前，葛培理牧师在接受记者采访时表示，这次可能是他此生举行的最后一场布道会。然而，他在演讲时却幽默地表示，自己从不说"不"。他期望在健康允许的情况下，能参加伦敦大型祈祷会。他说他爱伦敦，爱那里的人民。

葛培理牧师在 50 年的传道生涯中，走过全球 180 个国家及地区，向超过 2 亿人传道。这次布道中，他流露出"自己的传道生涯即将结束"的感慨。他向会众介绍了自己创办并主持"葛培理布道团"的过程，也把与他共事 60 载的亲密同工、布道团团长 Cliff Barrows 和 96 岁的歌唱家 George Beverly Shea 介绍给大家。布道会中，George Beverly Shea 高歌一曲《你真伟大》，震撼了全场，会众全体起立，许多人高举双臂跟随老人的节拍，纵情合唱这首大家都熟悉的赞美诗歌。

在这三场布道会中，葛培理牧师的信息都非常单纯、明确。他分别以耶稣与尼哥底母谈"重生"的对话、上帝指示挪亚造方舟"拯救"人类和动物的信息切入主题。在不超过三十分钟的布道中，他非常明确地指出"耶稣基督降临人世，死在十字架上并复活，是为了拯救我们脱离罪恶。我们悔改认罪，靠信心接受耶稣基督为我们个人的救主，我们一切的罪都将得到赦免。"葛培理牧师劝人们查看自己的内心，真正悔改，得到救恩。

年近 87 岁的葛培理牧师，近年遭受着前列腺癌、帕金森氏症等多种疾病的折磨。经历半个多世纪布道生涯，他如今已白髮苍苍。然而在讲台上，葛培理牧师仍然声音洪亮，思路清晰，话语风趣幽默。在周日的布道会上，他开场讲了个赌马的小故事，意寓"谁都不能预测生死"。他说，在第一次来纽约布道时，就讲过这个小故事。他还说，知道自己在世的日子不多了，很快他就要去天堂见神了。他说他期待死亡，期待能与神见面。如今他有"前所未有的最大平安"，又表示这样的平安是"每个人都可以得到的"。

有人评论，现在的葛培理牧师讲道，取向重回青年时期的他，不谈政治社会问题，只讲圣经真理的信息。有人认为，葛牧师中年时期的讲道风格，偏重照顾听众关心的问题，效果却没有单纯讲道来得好。也有人认为，葛培理牧师是最先接纳天主教、新神学派和灵恩派的人，因此称其为"新福音主义"第一人。当然，也有人指责他"使福音更能迎合年轻人、异教人士、政治家、电影明星等"，因而称其宣讲的福音为了"影响这时代，降低了福音圣洁的本质，是将福音世俗化的重要人物之一。"

葛培理牧师感谢纽约市长及主办单位的邀约，感谢纽约参议员出席大会，感谢所有为这次大会祷告、组织和服务的教会和义工。据悉，这次布道大会得到了有史以来最强大的祷告团队支援，从去年10月起，已有超过10万间教会，参与到每月为该次布道大会祷告的行列中。葛培理布道团表示，纽约地区呈现出一片"对福音信息的巨大关注、对灵性的极度渴求"状况。

纽约是全球包含最多元文化的都市，大会会场——法拉盛草原公园附近，就聚集了上百种不同语言文化背景的族群，这次布道大会成为向多族裔传扬福音的好机会。布道内容被同声翻译成20多种不同语言，会场也按语言划分出二十几个语音区。会众不顾连续三天华氏80度以上的日晒高温，自始至终情绪饱满。

三天来，应邀参加音乐崇拜的诗班、合唱团、演奏队及歌唱家有十几个团体，他们分别带领三天的音乐崇拜和演唱。有着千人诗班的著名布鲁克林会幕教会，带领了周日诗歌崇拜。诗班带领的音乐敬拜，选唱了多首大家熟悉的、脍炙人口的诗歌，会场多次出现万人同声大合唱的场面，场面壮观，激动人心。

演唱家 Michael W. Smith 说，今天接到密友妻子打来的电话，说密友突发心脏病，估计过不了当天晚上，这令他心情异常沉重，但他确信，如果密友去世，将会换上荣耀的身体在天家等他。他为所有还不认识耶稣的朋友献上一首歌，希望他们能早日认识耶稣基督这位生命的救主。

参与组织布道会的教会派出许多义工，帮忙发放同声传译机，维持过道通畅，收取奉献。同时也收集与会者带来捐赠给纽约市无家可归者的新袜子。不少警员来到现场，参与维持秩序。这次盛会与葛培理第一次来纽约布道时一样，具有划时代意义，将被载入史册，并带来大纽约地区灵命的大复兴。

注：葛培理牧师于 2018 年 2 月 21 日安歇主怀，享年 99 岁。

原载于《新州周报》Jun. 30, 2005

心灵的美宴 人生的转折

——记美东福音营

如果我们不接受耶稣为救主，我们就不会认识到自己是罪人，也就无法摆脱罪性。

由新泽西州若歌教会发起，美东地区 27 间教会参与组织的美东第十二届"生之追寻"福音营，于 5 月 27 至 30 日的国殇节长周末，假宾州费城郊区"东方大学"（Eastern University）举行。参加营会人数过千，福音朋友 200 多位，其中三分之一以上的福音朋友在营会中接受耶稣为个人救主。

一九九四年国殇节，美东规模最大的华人教会——若歌教会发起组织了"生之追寻"福音营。之后，每年的国殇节长周末都举办一次，参加的人数逐年增多。上午，在主会场集体崇拜后有系列主题讲座，下午，各个分会场有专题讲座，诗班是由各个教会参与、临时组建的大型唱诗班，晚上有祷告会。主会场和分会场的讲员，都是北美基督教界有经验、有名望的中外牧师和传道人。每年的主题讲座，牧师都带领会众深入地就某个主题查考圣经，教导会众将圣经的教导与实际的生活紧密结合。曾经探讨的主题有"顺服基督""突破困境""苦难"等。专题讲座的讲员也非常棒，每次听讲都得到收获。

参加这四天三夜营会的会众，离开了日常生活轨迹，来到这里领受神国的信息，感受大家庭的温暖。尚未信主的朋友可以安静下来聆听信息，思考信仰。已信的弟兄姐妹来到这里充电得力，继续奔跑天路。

营会还根据不同年龄段的需要，开设了英语的青少年营和儿童营，希望在他们幼小的心灵里播下信仰的种子，希望他们早日得到救恩，得蒙神的保守和引领。

今年的主题讲员是远志明弟兄与黄小石长老，黄小石长老是若歌教会创始人之一。专题讲员有主恩基督教会的阮道初教授、罗城华人胜利浸信会冯伟牧师、若歌教会詹刘美玲师母等。

远志明弟兄是"六·四"之后流亡海外的民运人士之一，当年参与大型电视政论片《河殇》的创作。九零年起在普林斯顿大学任访问学者。九一年受洗成为基督徒，九二年入读密西西比大学改革宗神学院，一九九五年加入《海外校园》杂志编辑团队，现为传道人兼神州传播协会总编导。著有《神州忏悔录》《失了大地得了天空》《老子与圣经》等。编导了七集电视系列片《神州》，大型记录片《十字架——耶稣在中国》等。

远弟兄这次带给会众的系列演讲主题是"超然的人生""十字架的人生"和"丰盛的人生"，专题讲座是"福音与中国"。在演讲中，远弟兄反复强调，整本《圣经》强调的就是一个"爱"字。人的爱非常有限，别说"众里寻他千百度"、曾经恩恩爱爱的伴侣都可以反目成仇，爱仇敌就更是不可能的了。只有来自于上帝的爱，只有我们的主耶稣才有可能爱仇敌。耶稣在十字架上还为他的仇敌祷告，为他们代求，说"他们所做的他们不知道"，求上帝赦免他们。这是一种怎样的胸怀和大爱？再看看我们人类，骄傲、嫉妒、争斗、仇恨、竞争遍地都是。如果我们不接受耶稣为救主，我们就不会认识到自己是罪人，也就无法摆脱上面这些罪性。

黄小石长老的信息主题是"苦难与恩典"，他结合圣经的记载和自己的亲身经历，讲解了苦难对一个基督徒成长、扎根、信心成长的必要性，教导会众如何理解和面对苦难，如何借着苦难操练信心，进而使周围的人蒙福。

詹刘美玲师母依据圣经基本原则，教导会众如何以神为中心，建立美满的婚姻和亲子关系。阮教授以其专长，及对现代科学和圣经深入的研究，从新的视角，为会众讲解了进化论、创造论，讲解了为何说科学和信仰并不矛盾，拓宽了我们的眼界。冯伟牧师在"圣经的可靠性"专题讲座中，结合渊博的专业知识和神学知识，用许多图片和事实告诉会众，圣经的可靠性是有根有据的。

大会期间，除每天有诗班带领我们敬拜，还有全体讲员公开回答提问的环节；有若歌戏剧团精彩的独幕剧表演；有自己作词作曲并演唱的罗慕光姊妹的献唱。大会结束前，还有全体小朋友上台表演节目。一些基督教机构和书房带来许多属灵书籍供大家选购。

整个会议组织周到，安排紧凑，伙食品种多，环境和住宿条件好。与会者来自纽约、马里兰、宾州、新泽西、维吉尼亚、德拉华、华盛顿 DC 等六七个州市。不论大人孩子，基督徒和非基督徒都感觉这是一次不可多得的心灵美宴，对于 70 多位愿意打开心门接受耶稣为救主的朋友来说，更是他们人生的转折。

原载于《新州周报》Jun. 2, 2005

喜乐的事奉与事奉的喜乐

如果我们仅看到自己的卑微，虽有谦逊的一面，却有可能埋没了神给我们的恩赐。我们要常常思想："神到底给了我什么样的恩赐？"

若歌教会第 21 期季刊付梓了。从心理毫无准备接任务，到完成样稿，整整三个月。这期间，虽然有挫折，虽然有眼泪，但心中充满的是说不尽的感恩和喜乐。

当儒民弟兄通知我帮忙第 21 期季刊编辑工作时，我满心欢喜。然而，原以为只是协助经验丰富的主编工作，不曾想自己一下子被推上了主编的位置。我硬着头皮上，心里却发虚，只好来到神面前祈求："神啊，您知道，我所有的编辑经验，只是写过一个团契介绍和编辑过两期团契月报，再就是您放在我心中参与文字事工的愿望。我真怕负了众望、负了您的名啊。"

恰巧主日学课程讲到摩西的故事，其中"我不能，但神能"是对我最好的提醒，也给了我信心和力量。我祷告说："主啊，我愿意全力以赴，尽己所能去做，结果如何请您负全责。请您感动一批同工来帮助我，为我们开前面的道路。"这么祷告下来，顿觉肩上的担子轻省了不少。整个编辑过程包括封面设计、打字、校对、审稿、电脑软件兼容、插图、编排等各个环节，神都亲自看顾，把同工一一带进团队。

当时摆在我面前的情况是：收到的稿件不到十篇，与出一本刊物还相差甚远；教会的电脑与同工家中的电脑中文输入系统不兼容，文字从一个电脑传到另一个电脑上就变成了乱码，不得不重新打字；我对电脑编排、美工的知识为零，电脑软件的使用还在初学阶段。

我与团契的弟兄姐妹分享了摆在面前的任务和难题，负责人鼓励大家为这项事工集体代祷。神又感动我的老板，让我利用上班时间，参加学院为教职员工开办的"办公室电脑操作培训课程"，课程所教的知识和技术大多是编辑杂志所需要的。

在这非常需要帮助和指导的时期，有姐妹推荐我参加了"基督使者协会"主办的文字营，让我有机会向《爱家》杂志主编苏文安老师、《使者》杂志主编杨高俐理姐妹直接讨教。我把刚完成的杂志排版初稿给老师看，得到了他们具体的指点。这如同一场及时雨令我受益匪浅，信心倍增。我深知，是神亲自为我们打开一道道门。

编辑过程中，还充分体现出团队合作的重要性。我所在的团契，有一半以上的弟兄姐妹是从事计算机行业的，一位弟兄以最经济实惠的价格，为教会买来原版软件，不辞辛劳，为教会的电脑和文字同工的电脑重新安装软件。他还彻底解决了教会与同工之间电脑软件版本不同、中文字体不兼容的难题。团契的姐妹更是积极参与，上至主席，下至福音朋友，真可谓人人关心，个个动员。

在整个编辑过程中，我发现了不少强于我、优于我的人才，他们大大地补足了我的缺欠，使我悟出一个道理：只要努力方向一致，合力永远大于分力。

经历神在这件事情上的带领，我的体会是：不要强调困难，只要顺服神的带领，忠心摆上自己，祷告向神祈求，神自会为我们铺平前面的道路。要相信祂加给我们的担子，不会过于我们的能力所能担的。如果我们仅看到自己的卑微，虽有谦逊的一面，却有可能埋没了神给我们的恩赐。我们要常常思想："神到底给了我什么样的恩赐？""神在我身上有什么计划？"把这些疑问放在祷告中，不久你就会看到神的带领，找到自己的事奉方向，经历祂同在的赐福和喜乐。

事奉是喜乐的，只要你怀着喜乐的心参与事奉！

原载于《台福通讯》Vol. 32 No. 21, 2001

纪事篇

教会里的聚餐会

聚餐会最大的收获是，能在聚餐会中感受到，人与人之间的温暖和友情。

来到美国不久，我就尝到了参加聚餐会的乐趣。第一次参加聚餐会是在感恩节前后，那段时间听到最多的词就是"火鸡"。人们见面就问，准备火鸡了吗？烤火鸡了吗？妇女们聚在一起，就是切磋烤火鸡的技术，比如烤前把火鸡腌泡几天啊？鸡肚子里塞什么东西啊？看来感恩节又叫"火鸡"节一点儿都不奇怪。查考历史后得知，感恩节的设立原来与第一批移民美国新大陆的清教徒有关。

1620年9月16日，102名英国清教徒，为了以他们喜爱的方式更自由地敬拜上帝，也为了寻求新的生活，从英国的普利茅斯启航，乘坐名为"五月花"号的双桅船，于同年11月抵达美国东北部的马萨诸塞州，建立起普利茅斯殖民地。

他们刚到的那个冬天非常艰苦，缺衣少食，当地的印第安人向他们伸出了援手。开春后他们在印第安人的帮助下，渐渐学会了捕鱼、狩猎、耕作及饲养火鸡，当年就获得了丰收，移民区很快繁荣起来。为了感谢上帝的保佑，也感谢印第安人的帮助，新移民决定在1621年秋天举办大型感恩宴会，狂欢活动进行了整整三天。从那时起，每年的11月份都会举办这样的庆丰收狂欢节。

直到 1863 年，林肯总统正式宣布，每年 11 月份第四周的周四与周五为法定国家节日，称为"感恩节"。从此，这成为美国人一年一度家庭团圆的节日，出门在外工作、学习的孩子会千方百计赶回家与父母团聚，共享感恩节晚餐。

为了不与家庭的聚会冲突，教会或团契的感恩节聚餐，常常安排在同一周的其他日子，有的在感恩节前，有的在感恩节后的周末。那可是八仙过海大显神通的火鸡会，一只只烤得油光发亮的火鸡卧在烤盘上；也有人把火鸡做成腌火鸡、腊火鸡和熏火鸡；还有人把火鸡骨架剥离出来，熬成美味的火鸡汤。

PAC 华人团契聚餐联欢会（2020 年春节）

其实，火鸡节不仅仅为了吃火鸡，更重要的是在这个日子里回顾一年的经历，心存真诚地感谢上帝的赐福、感谢父母的养育之恩、感谢帮助过我们的人们。

感恩节过后一个月左右，就到了圣诞节前的平安夜聚餐会，那更是丰富多彩。一般几十人至数百人的中小型教会，会组织全教会的大聚餐,以一家一菜的形式参加。细心的组织者会大致分派一下,哪些家庭带荤菜,哪些家庭带素菜,哪些家庭带汤粥,哪些家庭带甜品或水果,真是名副其实的"百家宴"。我现在学乖了,在这种聚餐会中,专挑自己没见过、没吃过的菜肴品尝,只是尝过之后既叫不上名字,也学不到如何制作。

至于像若歌这样两千多人的大教会,多以团契为单位聚餐。聚餐时间确定后大家会广邀朋友来参加,教会聚餐会吸引人的地方不仅仅是丰富的菜肴,更是它祥和温暖的气氛。

平安夜聚餐之后跟着是纪念活动,尽管各个教会形式不一,但内容都是纪念主耶稣基督,为拯救世人降生在马槽。不论是诗歌敬拜还是教会的短剧,抑或是牧师传讲的信息,都是围绕这个故事。这是基督教界两大纪念活动之一(另一个是复活节)。西方社会对于耶稣降生、带领门徒传道、被钉十字架、从死里复活的故事耳熟能详。基督徒更是相信,悔改认罪、接受耶稣为个人的救主,就可以在神的保守下,走一条不同以往的道路,生着有盼望,死后上天堂。

平时各个团契也会不定期举办聚会或餐会。团契有按居住区域组成的,多以当地市镇命名;有按功能组成的,如诗班、餐福团契、妇女团契;有按年龄组成的,如老年人的松柏团契、年轻人的社青团契、青少年团契等,大的过百人,小的十几二十人,或仅由几个关系比较密切的家庭组成,大家彼此了解、彼此鼓励,互相帮补和扶持。

这也是为什么,每次的聚餐会大家都费时费力把自己最好的手艺献上。聚餐也是交流厨艺的极好机会,熏陶上一段时间,不爱"煮"的会变得"煮兴大发",会"煮"的则变得"煮艺精湛"。我这个历来怕"煮"的怨妇,也在这样的大家庭熏陶下渐渐"开化"。耳朵里灌多了，心和手就痒起来，止不住也要试上一试。当自己忙得满头大汗，不甚满意的菜肴端上桌时，总会得到真诚的鼓励和善意的指点。如今我知道了，凉拌猪蹄是整个蹄髈煮好后，剔去骨头、用线扎好，冻成型后再切薄片；粉蒸肉要先用配料把肉腌半个小时后再蒸；莲藕要放在不锈钢的锅中烹调才不会变色；炒蔬菜不能盖锅盖；烫是熬好了之后再放盐；自制年糕放凉后再扣到另一个盘子上形状才会好看；削皮切片的苹果或梨，浸在淡盐水中几分钟，就可以保持不变色……

其实一家一菜的聚餐会，不仅仅是教会里的聚集形式，也是美国人乐意采纳的聚会形式，它还有个特别的名字，叫"Potluck"。我曾在美国的社区大学补习英文，学期结束时老师同学们建议来个"Potluck"，那天的菜式有印度菜、墨西哥菜、西班牙菜、中国菜、韩国菜、日本菜等等，真是花样繁多、五味俱全。

总之，教会里的聚餐会也好，家庭中的聚餐会也好，参加聚餐会最大的收获还是，能在聚餐会中感受到人与人之间的温暖和友情。

原载于《吃到天涯》，世界知识出版社，2003年9月

款款赤子情 滋润母亲心

——记若歌教会青少年团契母亲节聚会

希望孩子在可塑期能带领他们认识上帝，找到自己的人生方向和生命的意义。

"老妈 我真的非常幸福
您使我体会自由的意义
碰了钉子您会陪我哭泣
碎石子路您也鼓励我踏下去

老妈 感谢您那唠叨的言语
您的发音比周杰伦还要清晰
说是天籁您承受不起
但我一听就有活力

老妈 原谅我有时的挑剔
在您面前我才露出恶劣的本性
我早说了我会改掉陋习
请您等待我的长进

老妈　我知道您总为我操心
　　但请您相信生命的韧性
　　我知道您不喜欢那伤害家院的蒲公英
　　但那是我坚韧生命的最佳证明

　　老妈　说了这么多还是只有短短那一句
　　我敬爱您我感谢我的生命中有您
　　昨天今天明天的您都很美丽
　　因为您有那高贵美好的心灵"

　　Sharal 姊妹哽咽着、满怀深情地朗读着自创长诗，投影的幕布上，滚动着一幅幅动物母子亲昵的照片，配上活泼跳动的文字，犹如每一位孩子的心情，感染着在座的每一位母亲。

　　这是若歌青少年团契，正在举办母亲节特别聚会。为这个聚会，孩子们精心制作了邀请卡，女儿郑重其事地邀请我参加。不仅如此，带领她们的团契辅导员，还亲自给我打电话，告知这次聚餐会是孩子们自己设计的，聚餐会的菜肴和食物，都是孩子们准备的。辅导员叮嘱我一定要来参加，不要辜负了孩子们慰劳母亲的心意，也希望母亲们看看，周五晚上孩子们来到团契，学了些什么、做些什么，与什么人是朋友。

　　参加聚会的有母亲，也有祖母，几位白发苍苍的老祖母特别引人注目，尽管步态蹒跚，却兴趣盎然。孩子们亲手做的晚餐菜式丰富，虽然看相上、口味上比妈妈们略逊一筹，但孩子们的用心妈妈们都能体会。

　　餐后进入活动的正题，首先是每一位孩子给母亲或祖母戴花，我看见每一位母亲脸上这时都绽放着幸福的笑容。孩子们还设计了亲子互动游戏，母子、母女搭档，或祖母与孙子女搭档，小留学生们就找伴互相搭档。阵阵欢声笑语过后，大家彼此熟识。

接下来是表演和分享时段，诗班向母亲们献唱，写了诗歌或散文的孩子上台朗诵，所有的孩子都要参与"写给母亲的一句话"节目，还要当着母亲的面把这句话读出来，孩子们发自内心的感恩让母亲们一次次动容。不少孩子上台分享自己成长过程中的趣闻轶事，以及母亲对自己的影响，让我们觉得，母亲真是孩子生命中不可或缺的角色。有位男孩当众拥抱自己的母亲，说出了平时不好意思说出的话："母亲我爱您，谢谢您的耐心和多年的教导。"远离父母的小留学生则感谢辅导老师像父母一样关心他们，团契是他们第二个家，在这个家中他们感觉温暖和安全。

现任团契主席 Steven 介绍了团契的由来。团契全称为 Rutgers Emmanuel Fellowship 简称 REF，成立於 1997 年 7 月 4 日。团契的宣言是："我们来自不同的地方，成长于不同的文化背景，但我们都说国语。我们来美国的目的、心情和期望也许不一样，但我们拥有同样的经验，那就是在这异乡的土地上，在我们年轻的岁月里，努力寻找自己的方向、定位。我们一同敬拜神，学习上帝的话语，认识祂对我们的教导，以及我们在祂眼中的价值。因着神的信实和慈爱，我们得以认识不变的真理，得着智慧的心以及汲取神所赐的能力。所以在这是非扭曲的世界里，我们可以靠着天父走在光明中。"

这个"青少年国语团契"大约四十人，一半以上是漂洋过海、远离父母的小留学生，也有不少是随父母家人移民来美国的孩子，都是第一代移民，国语是他们的母语。每周五晚上他们聚在一起读圣经，唱诗敬拜，分享成长过程中的欢欣和伤痛。

教会对这个团契非常重视和关心，常年有三、四对辅导员夫妻来关心、带领他们。每年还多次组织郊游、参观等活动，让孩子们在团体中彼此学习、共同成长。

参加活动的母亲，也说出了自己的想法。有的说，他们是看到孩子的同伴、教会里的孩子阳光向上，才把自己的孩子送来参加团契。有的说，之前以为孩子每个周五晚上来参加团契，只是为了找玩伴儿扎堆玩，现在才知道，团契活动的具体内容。还有的说，有时周五太累，感觉接送孩子很麻烦，现在看着孩子一点点进步，变得成熟和懂事了，今后再累也要坚持送孩子来参加团契活动。

最后一个节目是孩子们为母亲切蛋糕，精心设制的蛋糕上写着"母亲节快乐！"母亲们品尝着蛋糕，体会着孩子们的赤子之情，频频感谢辅导员们付出的心血和时间，衷心祝愿孩子们在这个团契中健康成长。

原载于《新州周报》2006年五月25日

牵手一世情

——记 2004 年情人节聚会

"因为爱着你的爱,因为梦着你的梦,所以悲伤着你的悲伤,幸福着你的幸福。……"

一年一度的乡音团契情人节聚会落下帷幕。

自 1993 年乡音团契举办第一届情人节聚会以来,今年已是第 12 届,参加人数由最初的几个家庭发展到如今几十个家庭,比 25 年前若歌教会成立时的人数还多。最初九年,主持人是张儒民夫妇,他们是乡音团契创始元老之一。之后的主持人一年一换,各具特色,创意不凡。三个月前由康恺姊妹领导和策划的,2004 年聚会终于顺利出台。

与往年一样,为免除情人们的劳顿和奢侈的破费,每对夫妻只交三十美元,就可以享受一顿灵与肉的美味佳肴。

聚会大厅张灯结彩,空中有悬挂的月亮、漂浮的彩色气球,五块红头巾很艺术地拼摆着挂在墙上,每个头巾上贴着一个字,连成本次晚会的主题——牵手一世情。并列安放的长条桌铺上了粉红色的桌布,一对对情侣签到后,被领位的同工带领,隔着长桌面对面坐下,桌面上除餐具外,还有小蜡烛台灯与贺卡。

主持台上有个大屏幕，滚动放映着往年情人节聚会的照片，音乐萦绕大厅，气氛温馨安详。

一个小时后，情侣们已酒足饭饱，主持人宣布："晚会开始！"大家安静下来，等待着节目出台。主持人语出惊人："现在开始统计婚龄，请结婚五年以上的情侣把手举起来！"大家面面相觑，举目四顾，只见几对年轻的情侣举起了手。接着主持人依十年、十五年、二十年婚龄的请举手一路叫下去。当喊到"请结婚三十年以上的夫妇举手！"时，只有几对年长的夫妇举起了手。突然听见有人高喊："我凭信心举手！"大家顺着声音看过去，原来是张儒民弟兄，他把手臂举得比那几对长者还高。

主持人以长幼顺序请先生们来主持台领花，并嘱先生们当众献给太太。这时有位弟兄抗议："为什么总要先生给太太献花？可不可以改一改由太太给先生献花？"立即有人反驳道："还是先生给太太送花比较好，这样太太就没有机会说'鲜花插在牛粪上'。"机巧的回答，引来全场开怀大笑。

献过花，主持人抛出第一个问题："什么是爱？"全场立刻鸦雀无声。面对这个简单又复杂的问题，谁都不愿轻易作答。主持人请大家起立，同声唱那支熟悉又古老的歌《爱的真谛》："爱是恒久忍耐，又有恩慈；爱是不嫉妒；爱是不自夸；不张狂；不作害羞的事；不求自己的益处；不轻易发怒；不计算人的恶；不喜欢不义；只喜欢真理；凡事包容；凡事相信；凡事盼望；凡事忍耐。爱是永不止息。"

主持人在晚会之前，别出心裁地收集了一些孩子的问卷调查，问题是：情人节那天，他们希望爸爸为妈妈做什么？妈妈又为爸爸做什么？孩子们回答："希望爸爸带妈妈外出晚餐。"

"希望爸爸干所有的家事,妈妈什么也不干。""希望妈妈给爸爸一个拥抱。"……

随着一个个节目登场,几对夫妻被请上台。他们要面对墙上的大屏幕,在屏幕上列出的、代表婚姻13种状态的词汇中,选出一个最能代表他们婚姻现状的词并作解释。一对夫妻选了"爱情麻辣汤",说他们结婚三年,觉得正经历"麻辣汤"时期,那种滋味,一言难尽。有一对夫妻选了"恒久忍耐",说虽然双方有很多不协调的地方,但本着"忍耐"的心,感觉越过越默契。还有一对老年夫妻选了"包容盼望",老爷爷说老太太人老话多,喜欢叨唠,但只要想到"虽然不中听,都是为我好"就不会动怒,反而满心欢喜了。

接下来的是"心有灵犀"节目,这个节目先请先生在写字板上回答三个问题,再把这三个问题投影到大屏幕上,请太太公开作答。问题包括"太太最喜欢的颜色?""太太下班进门后最常说的一句话?""先生到家后做的第一件事?"等等,太太回答之后揭晓先生的答案,看看是否一致。可喜的是,全部参加的夫妻默契程度都达到70分以上,有人甚至得了满分。

黄小石长老被请上了台,他是若歌教会的创始人之一,毕业于康乃尔大学,他们夫妇也是在座情侣中婚龄最长的。大家齐声起哄,要他公开与太太的恋爱史。他想了半天,说:"那是很久远的事情了,让我想想。"我们都知道,小石长老与太太往来的情书过千封,就请他从第一封情书讲起。小石长老说,他们的情书都按顺序编了号,第一、第二封都是他写给太太的信。他与太太是大学同学,他知道她的笔记写得清楚,就常借来抄。后来发现她本人头脑也很清楚,就给她写了第一封信表达自己的好感。不久他收到了回信,非常激动地打开,可里面却只有自己寄出的那封信而没有只字回复。她在小石长老的信中挑出了几个错别字并做了订正,害得小石长老想了半天,最后他终于理解了含意:不说同意也不说不同意,慎重考虑而行事吧。

小石长老的太太回顾他们走过的婚姻说,我是学物理的,结婚后我就成了"理物"的,一理就理了 37 年。见到先生无后顾之忧地参与事工,孩子也学有所成健康成长,就感觉乐在其中了。他们的三个孩子都毕业于美国常青藤大学。小石长老说:"婚姻不在于选择,而在于婚后怎么走。"

参加聚会的另一对嘉宾是张宗培牧师夫妇,张牧师在他的信息中勉励夫妻在婚姻中共同成长。张师母被请上台"逼问"建造美满婚姻的秘诀。张师母说:"我的秘诀之一是:每天早晨醒来,看着枕旁这酣声大作、头发蓬乱、并不觉得可爱的人对自己说'我要爱他,今天爱他,天天爱他。'秘诀之二是:每天先生回家,不管他面色如何,都以笑脸相迎,给他一个拥抱。若见他脸色不好看,再加一句:'宝贝,谁欺负你了?'"

露佩姊妹与先生是当年乡音团契的发起人和创办者,他们十几年如一日为团契服务,先生不幸几年前去世,但大家敬重这位大姐,邀请她一定来参加聚会。团契主席华荣代表大家向露佩姊妹献上了一大束鲜花。经历了壮年丧夫,又经历了一系列丧亲之痛的露佩姊妹,朗诵了一首散文诗《情天恩海》,勉励在座各位珍惜今天的拥有。

团契主席华荣与太太宛乔青梅竹马,从小学起同学直到高中毕业,今年是他们的银婚。宛乔曾因脊柱受伤卧床多年,她劝华荣离开华荣不愿,爱情的力量终于使宛乔站立了起来,有情人终成眷属。我们请华荣用一句话来形容宛乔,华荣弟兄引用了圣经中的一句话:"才德的妇人,谁能得着呢?她的价值远胜过珍珠。"

接下来的节目是"掀起你的盖头来",这时,五位换了装的的太太盖着红头巾上场了,她们坐好后,先生们被请上来认领自己的太太。换穿别人衣服的太太们可把先生难倒了。结果只有一位老先生揭对了盖头,其他几位全错了,引来大家哄笑的先生们只好低下头吃太太的白眼。

素如姊妹的歌声把大家的思绪从骚动中拉回:"因为爱着你的爱,因为梦着你的梦,所以悲伤着你的悲伤,幸福着你的幸福。……没有风雨躲得过,没有坎坷不必走,所以安心地牵你的手,不去想该不该回头。也许牵了手的手,前生不一定好走。也许有了伴的路,今生还要更忙碌。……"在这首《牵手》的旋律中,情侣们回顾着自己婚姻生活中的甜酸苦辣,感慨着人生的美好和短暂,也计划着下一步该如何走。

一年一度的情人节如同我们婚姻旅途的加油站,第二次参加情人节聚会的我深有感触。先生不善言谈,十几年来从未说过一句"肉麻"的话。然而,自他去年参加聚会、在情人卡中写下"让我们作永远的情人!"就好像立定了心志要好好表现。这一年来身体力行,果然使得我们的互动更加默契,衷心感谢乡音团契的情人节聚会给我们的婚姻带来质的飞跃。

不知不觉在欢声笑语中过去了四个多小时,聚会在《耶和华是爱》的歌声中进入尾声,夫妻代表们切开象征圆满的大蛋糕,带着牧师的祝福互道珍重,相约来年再聚。

祝世上有情人日日甜蜜,愿天下好夫妻岁岁有情!

写于 2004 年 2 月 16 日

令人焦头烂额的焦点话题

我自己只有一个女儿，此生既没当过媳妇，也没条件当婆婆，却要去写一个从未注意过、也不需要自己去注意的难题……

运动场上，排球教练员一个球砸过来，又狠又飘。场上的我，接这种球既没技术训练也没思想准备，下意识地侧身躲过。"接球！"教练员对着我大吼一声。又一个球砸过来，我胆怯地迎上去，没接好，球砸在了头上。接着，连续几天头痛，血压高持不下，吃不香，睡不安，老公心疼地说："你可不能牺牲了啊！"这就是让我焦头烂额的焦点话题——《一个屋檐两个女人》，话说海外的婆媳关系。

老师一个又一个的电话打到家中，追到办公室，言辞中肯却不容抗拒，言下之意：养兵千日，用兵一时。可不是吗？四年下来，已经不止一千个日子了啊！

接了这个球，真好比接了个"无米之炊"，先生的母亲在我认识他之前，已经离世。而我自己，只有一个女儿，此生既没当过媳妇，也没条件当婆婆，却要去写一个从未注意过、也不需要自己去注意的难题。

正在我苦思冥想苦熬地查找资料、听讲座录音恶补功课之际，老师的电话又来了。他不仅帮我做好了文章策划，还给找好了采访对象,指导我某个问题要采访某位专家,还叮嘱"新酒要装在新皮囊里,至少也要新酒装在旧皮囊里。"柔声细语却不可推诿。

几十篇文章读完后总算是有了点概念。翻开保存的文字营教材,把采访一章温习几遍,针对每位采访对象列出采访题目。到这一步,总算完成了采访功课的百分之六十。这时,心里已经不像刚开始接球时那样心虚。几个家庭辅导专家也异常配合,一问一答缓缓叙来,我未听清楚的地方还耐心地复述,完成三个电话采访时,我已记了三十几页的笔记,其潦草程度我自己都不易辨认。

这些从眼睛、耳朵灌入的资料和个案,与以前听的故事、见的实例汇拢起来,整天在我脑子里转,搅成了一锅粥,连做梦都梦到。也不知通过大脑的哪些神经通路联络、分类、整合,条理慢慢清晰起来,篇章的雏形慢慢出来了。肚子里有了货,心便从喉头回到原位。然而,如何恰当地把想表达的意思化作文字,又是我面临的难题。好食材要摆成好拼盘才端得上桌啊,否则愧对老师,更愧对读者!

于是,我又把手头所有的《真爱》杂志找出来,翻看每一期的焦点话题文章,这一读不打紧,自信心又没了。看作者,不是专家就是学者,或者是写作经验丰富的作家前辈,那份量、那力度,哪是我这初学写作之人可企及的?只是这时已经没有退路,不得不拿出小卒过河的勇气往前冲——管他胜利还是失败,赶快交差由老帅去负责。

想到老师说的,"用故事开头,抓读者眼球"。就这么下笔,反正听来的案例已经不少,编得典型又不失情理就行了。一个分篇完成了,再写第二分篇,终于写完四个分篇。满怀信心递给我的第一读者——先生,想换回几句鼓励的话。谁知,他读完一句也不哼。我忍不住问:"怎么样?"他答:"很一般,力度不够。"我一下凉了半截,大半个月没日没夜、日思夜想,就换回来这么一盆凉水啊?!这样说来,交给老师保准是不及格了。先生见我难过,赶紧补上一句:"行了,你已经尽力了,本来就只能挑五十斤,这次挑了五十五斤,也不容易了。"看似体己,说者勉强,听者戚戚。

截稿日期已到,只好硬着头皮交稿。担心老师太失望,来个以守为攻:恐怕要让老师失望了,对不起!

惶惶不可终日地等待"考试"结果,又盼又怕老师来电话。结果,仁慈的老师在电话中不无喜悦地告诉我"你及格了,分数还不低。"

令我焦头烂额的焦点话题啊,让我近一个月坐卧不安,血压不稳,我早已打定主意,如果这次不及格,从此我再也不接老师的球了!

写于 2003-11-11

生命影响生命的营会

神的爱彰显在世间各个领域，也渗透在我们生命生活的各个层面，"神国资源为基督协会"不断开辟各种课程，帮助弟兄姐妹全方位地学习和提高。

信主 27 年来，团契查经、牧师教导、听读《圣经》、祷告反省、阅读学习，参加各种营会、特会、退修会，对我信仰的坚固都非常有帮助。其间，我连续十几年参加了"神国资源为基督"文化营的进修学习，对我的影响更是深远。现在从以下几个方面与大家分享：

1、以宏观的眼光找自己的定位

2000 年第一次参加文字营（文化营的前身），老师就通过 James Engles's Scale 图表，带领我们鸟瞰福音工场的现状。

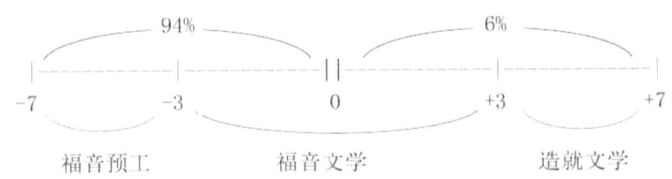

0 为分水岭代表决志信主；0 到+7 为信仰基督教至全值事奉的群体；0 到-7 为未曾接触、不接受、或反对基督教的人群。

当时北美华人基督徒比例为6%，未信主或还没有接触过福音的人为94%。

文字事工包括写作、采访、校对、编辑、宣传、出版发行等各方面，每个环节都需要工人，这张图表也可以帮助有志于参与文字事工的人找到个人定位，也了解自己作品的读者群。文字事工有许多工作要做，我们可以帮助教会或基督教机构办刊物，帮忙整理牧长的讲道录音，帮助主日学编写教材，还可以写自己的见证或写有关帮助信徒成长的文章等。

如果希望成为一位作者，更需要知识的扩充、阅读的广泛、文化素养和写作技巧的提高。要知道写作人本身的品格、心胸、境界直接与作品的水平和可读性有关，文字和修辞方面的操练也必不可少。

有关投稿，老师也利用这张图表分析了当时各种福音刊物的宗旨和针对的读者群，希望我们投稿能有的放矢，提高命中率。

转眼过去了20年，我仍然牢记老师当年的教导"工人先于工作，作者重于作品，真诚胜于一切。"

部分 KRC 文化营讲义

2、从狭隘走向宽广

第一次参加营会，见到苏老师把"人间四月天"电视连续剧的片段用于教学，选用的是徐志摩与林徽因的一段对话。当同学们都沉浸于感人至深、催人泪下的场景时，我却坐立不安，中途退场。我躲到另一个房间,给苏老师写了一封长达六页的信。信中我责问苏老师:基督徒可以看这种世俗的影片吗?为什么您用这种世俗的影片做教学?如何理解"旧事已过,都变成新的了?"

那个时期的我,刚刚过了"狂热期",进入到"洁癖期",头脑里满是"圣、俗二分论",我几乎不看电视,不看电影,即使在上班时想一想自家的私事,都感觉不应该,这种敬虔不仅让自己活得很累,更让自己觉得"处处是禁区"。

苏老师并没有正面回答我的问题,教学中仍不断引用电影片段,引导我们如何设置场景和故事情节,如何安排和描写人物等等。我渐渐明白了,信主的人只是蒙恩的罪人,脱不了人的七情六欲,也不可能生活在真空中。在追求圣洁的道路上,挣扎、苦难,原生家庭和个人经历留下的烙印仍然存在。当我们用另一种眼光回看自己,清除心中的垃圾、医治曾经的伤痛、感悟人生的真谛,内心就会越来越单纯和清洁,也会越来越体会到神的爱和恩典,心生感恩。

3、重建和理顺关系

老师不仅仅教写作,也教导我们更深刻地理解和体验信仰。十字架代表着我们与神的纵向关系,也代表了我们在世上与人的横向关系。耶稣是我们的好榜样,他的"智慧和身量,并神和人喜爱他的心,都一齐增长。"(路2:52)我们与神建立关系后,也要注意理顺身边的人际关系。

苏老师从他过往的人生经验,总结出"同心圆人际实务经营法"。就是以神为中心,一圈圈往外画圈,依家人、同工、同事、朋友、读者的顺序,安排自己的生活和写作,首先便是建立一个和睦的家庭。

女儿小时候，因我打骂她太多，造成她性格反叛、与我不亲。圣灵光照我，要我放下家长的尊严向她赔礼道歉，经过多次流泪向女儿道歉，我们的关系渐渐修复了。神也听了我的祷告，女儿刚满 14 岁就信主受洗了，之后我们的沟通越来越顺畅，关系也越来越密切。

与先生的关系调整也经过了不少努力。信主后，我一直加足马力"向着标杆直奔"，认为服侍教会、团契和弟兄姊妹比事奉家庭更重要。对照苏老师的"同心圆经营法"，才发现自己的观念有偏差。我开始放慢脚步，更多关注先生和孩子的需要，终于使家庭气氛变得其乐融融。之前我热心教会工作，先生却送我"马列主义老太太"称号，心转向家庭后，他却觉得我生命上有改变，也乐意配合我的工作。

4、生命影响生命的信仰

营会中最令我感动的，还是老师和同学们的生命故事和感人见证。他们不怕打开自己，用亲身经历，见证神在自己和家庭里的作为。《写作路上的领航人》一文，我介绍了高俐理、苏文安老师与莫非老师，蒋海琼老师的生命故事也深深感动我。

蒋老师是单亲母亲，经历了台湾政治运动的牵连和婚变，只身带着女儿来到美国，修读教牧博士学位。为杂志"单亲家庭"栏目撰稿时，常常在痛苦的煎熬中，和着泪完成文稿。蒋老师明白，她这么做是为了让更多弟兄姐妹得帮助、更多的家庭得医治。2004 年，她响应神的呼召，创办了"溪水旁关心单亲协会"；2007 年，又在台湾创办了独立分会。同年，蒋老师被确诊患上"渐冻人症"（脊髓侧索硬化症，ALS）。病中的蒋老师仍坚持教学和写作，完成了著作《单亲不孤单》和《我的心不冻》。蒋老师于2010年安息主怀，享年58岁。

营会中我也听到不少弟兄姐妹分享他们的生命故事，记得有一回姐妹们聚在高俐理老师家，轮流分享直至凌晨，大家哭在一起，祷告在一起，感受神的大爱和姐妹们彼此的关爱。

令我难忘的蒋海琼老师（2006）

神的爱彰显在世间各个领域，也渗透在我们生命生活的各个层面，"神国资源为基督协会"不断开辟各种课程，帮助弟兄姐妹全方位地学习和提高。历年设置的课程，除与写作有关的七八种课程，还有敬拜赞美、舞动至臻、戏剧表演、电影制作、心理辅导、婚姻辅导、领导力、和平使者、家庭理财、绘画基础、书法启蒙等课程，帮助弟兄姐妹全方位了解神的作为，发掘我们的恩赐。2009年开始，文化营也在台湾开班。弟兄姐妹亦师亦友，能者为师，彼此学习，共同长进，在各个层面不断突破自己，更新生命。我们也看到，越来越多的学员，在职场、在家庭、在教会，结出仁爱、喜乐、和平、忍耐、恩慈、良善、信实、温柔、节制等美好的果子。

原载于《神国》杂志第61期，2020年

给有心学习敬拜及带领的您

当我们回到天家,放下了地上所有的劳顿和服事,剩下的本分不就是敬拜赞美了吗?

三个月的圣经学院课程刚刚结束,喜乐和分享的愿望在胸中涌动。亲爱的朋友,在此将自己领受的一点心得奉上,请您笑纳。

圣奥古斯丁曾说:"诗歌颂赞神是双倍的祷告。"(Whoever sings to the God, Prays twice)细细想来,确是这么个道理。当我们真心诚意唱诗赞美神,口唱心和,心灵被优美的乐曲滋润,感恩喜乐油然而生。同时,借着歌词的颂赞、感恩、祷告,与神有非常亲近的交通。试想,当我们回到天家,放下了地上所有的劳顿和服事,剩下的本分不就是敬拜赞美了吗?

这期的学习,让我进一步认识了敬拜的意义,同时也为以往不合适的带领羞愧。归纳几点如下:

1. 敬拜的真正目的是赞美荣耀神,以神为中心,讨神喜悦。带领敬拜的人不是借机展现歌喉,不是在人前表演,也不是借机发表言论。如果带领人本身没有谦卑敬虔的心,是很难将会众带到神面前。诗歌可以不同,曲调可以各异,场地可以变动,乐器可以有无,会众可以多寡,唯一不变的,是将赞美和荣耀归给神,将会众的心带到神面前，选择诗歌和带领敬拜都要围绕这个宗旨。

2. 不论是主日崇拜还是团契，唱诗颂赞与讲道分享是不可分割的整体。带领敬拜的人在选择诗歌时，应事先与释放信息的牧长、讲员和同工沟通，以便更好地选择配合信息宣讲的诗歌，也要注意歌词的神学意义表达没有偏差。歌唱的顺序一般按颂赞、感恩、相交、回应来安排，犹如我们进入圣殿，再进入至圣所，与神相交并回应祂的慈爱。带领敬拜的人，还要注意会众是否熟悉选唱的歌曲，只有易学易唱或熟悉的诗歌，才能表达会众敬拜赞美的心意，达到用歌声敬拜的目的，从而有效地预备会众接受信息的心。

3. 带领人事先对所选诗歌节奏的快慢、音域的高低、重复的次数、会众起立坐下的配合都要有所考量。如果参加诗班的人多，可以安排分部唱。诗歌与诗歌间的联接也有一定技巧，可以通过祷告、介绍诗歌作者的生平、叙述诗歌创作的故事、诵读相关的经文，也可以在音乐伴奏时请会众默想，目的就是带领会众从一首诗歌过渡到另一首诗歌。领敬拜者若有特别的见证或感想，也可以简短分享，但不要占用太多敬拜时间。带领者若不是司琴，需要与司琴沟通并练习配合，使敬拜赞美更趋完美。

总之，以上的介绍都是纸上谈兵，重要的是愿意操练，团契就是最好的操练基地。也许有一天，我们要出去短宣，敬拜赞美、预备会众是必不可少的程序，有了很好的操练和装备我们就不会胆怯，何况慈爱的天父看重我们的心过于我们的能力。让我们一起努力吧！

原载于《键咏若歌》2008 年 6 月

中国福音大会之于我

正好是辞旧迎新的元旦,我重新检视自己走过的信仰旅程,厘清优先次序并与神再次立约。

中国福音大会是北美华人基督教界集福音传播、灵命更新、宣教事工为一体的盛宴。《生命季刊》自1997年3月创刊以来,坚持以基督为中心、以信心为磐石、以文字为载体、以福音遍传地极为使命,在北美华人基督教界渐渐成为领军者之一。近十年来,神更是越来越明显地把异象和负担放在这个团队中。《生命季刊》的年总发行量逐年增加,现已达23万册,覆盖北美、大陆及东南亚各地。编辑部所在地的芝加哥,也成为举办大型会议、分享宣教异象、建造培养门徒的基地。

1999年底,《生命季刊》主办了"海外中国基督徒跨世纪聚会",大会的主题是"十字架与新世纪的福音使命",强调在新世纪以十字架为能力,完成主所托付的福音使命。会后,同工们开始定期为新世纪大规模福音聚会祈祷。2003年底,第一届"中国福音大会"在芝加哥顺利举办,主题为"耶稣基督并他钉十字架",大会强调虽然已进入新世纪,但十字架仍然是我们传讲的福音真理核心。

若歌乡音团契有十几位弟兄姊妹,结伴参加了2003年福音大会。大会信息与传道人的见证大大激励了他们,一些弟兄姊妹的生命被完全更新，成为灵里火热、积极参与事工的同工，也有的弟兄姊妹回到大陆参与宣教事工。

为什么"中国福音大会"有这么神奇的力量、这么大的能力？当我们见到参加 2003 年大会的弟兄姐妹灵命被复兴，便企盼自己能参加 2006 年的福音大会。

2006 年福音大会终于到来了，大会仍然持守"耶稣基督并钉十字架"。参加这次大会，可算是我灵命成长中的一个里程碑。自 1993 年 11 月我受洗信主至今，走过了十三年坎坷又充满祝福的旅程，近年我面临瓶颈和困惑，带着一堆疑问来寻求答案。这些问题包括：如何平衡工作、事奉时间上的冲突？如何对待事奉中人际互动的障碍？自己的人生下半场已经拉开序幕，如何明确神的旨意和带领？文字事奉中常与知识分子打交道，如何在文化层面与他们沟通又不受影响？这些盘旋于我脑际的问题让我产生迷思和困惑。我需要充电、需要更新、需要重新回到十字架前来清理思绪。

大会有十堂非常有深度和力度的主题信息，与几十个分堂专题信息。由著名新约神学专家卡森博士、边云波、黄子嘉、于宏洁、李秀全、陈佐等著名牧师和传道人传讲。所有信息都紧紧围绕着"耶稣基督并钉十字架"。卡森博士以解经方式进行系统传讲，主题为"十字架的反讽""十字架的成就""十字架的得胜"，带领我们复习和确认十字架的救恩，引导我们思考"为什么看似软弱无助的耶稣基督成就了神的救赎计划？""为我们受苦受死的耶稣基督复活意味着什么？""如何从启示录来确信，靠着耶稣的宝血和神的恩典我们能得胜于这个世界？"

黄子嘉牧师在"十字架与教会建造"的信息中，以"家"

来比喻教会，以"家人"来形容教会的弟兄姊妹，让我们思考如何彼此相爱和搭配。在"十字架与复兴"的信息中，带领我们思考"活祭"的内涵和意义。他说灵命的复兴首先从将自己献为活祭开始，就是将自己的主权交出，过一个"向世界而死，向主而活"的人生。于宏洁牧师的信息结合自己生命的见证，为我们展现了一个大能并得胜的主。这些信息对清洗我的思想、复兴我的灵命真是太宝贵了，加深了对十字架意义的认识。

以往我认为背十字架就是勇于面对逼迫，为主流血牺牲，因此总盼望有一天能像18、19世纪的西方宣教士那样，放下工作或家庭，去宣教工场为主做工。而如今我明白了，远大的目标和理想应该从日常的工作和生活做起，从家庭、团契和教会的服事开始。其实，我们每个人的每一天都面对着大大小小的"十字架"——工作的重担、生活的压力、人际的问题、内心的挣扎。十字架真正的意义，在于我们遇到问题或困难时，能放下自己，遵循主的教导去做。在这个过程中，我们内心的挣扎只有主知道，我们信心的大小也只有主和我们自己清楚。当我们时刻转向耶稣基督，把所遇见的问题，都看成是神美好计划的一部分，并清楚自己在地上的客旅身份，就能常在基督里，过得胜的生活。其实，日日经历自己内心的煎熬、做洁净灵魂的功课，并不比一次热血沸腾的壮烈牺牲来得容易。

大会的专题讲座也非常丰富多彩，48个专题加上一些特别的事工介绍，以及适合第二代华人青少年的英文专题，共有将近70个专题。这些信息极大地满足了福音朋友、弟兄姊妹和ABC青少年的需要。同一时段的专题讲座，让我有"鱼刺与熊掌不能兼得"的遗憾，只能参加最能解决自己实际问题的专题讲座。

我参加的专题讲座有"如何带职事奉""媒体福音事工座谈会""如何把福音传讲清楚""新纪元运动对教会的危害",还参加了"爱之追寻"福音布道会。基本解决了我带去的问题,纳归如下:

1. 神目前给我的是带职事奉恩赐。安心做好本职工作,主动积极、发挥创意、顺服老板、以正面态度对待负面刺激,在工作岗位上守时律己就是为主做见证。我距离这个要求还有很大差距,需要努力奔跑向前。

2. 文字事奉需要信仰基础。这几年参与文字事奉,接触各种文化人以及后现代思想的机会比较多,如何与不信的人做朋友又不受他们的影响,还能把他们带到主里,是我面对的挑战。因此,我必须在神学方面有更系统的装备,坚固信仰基础。

3. 信仰是扎心的好东西。这几年的困惑,也来自于我传福音的失败,与非信徒成为朋友之后,我更多的是以爱和包容来实践信仰,却不太敢用刺激和尖锐的话语,来传讲十字架全备的福音。主要原因还是担心被人认为是"激进分子"、对人好是为了"推销宗教"等等。通过学习我也认识到,对朋友真正的关心是对他们灵魂归属的关心,若不与神同工,单靠人的力量去做,都将徒劳无功。

4. 提高辩识能力是当务之急。新世纪各种各样五花八门的哲学、思想、理论或灵媒都在影响、迷惑我们,若没有辩析能力就会被影响,甚至走到怀疑信仰真理而迷失的地步。这对于教会和我们的灵命都是很大的威胁,如同听不见"枪声"的战场。如何增强我们的战斗力,只有一条路可走，就是回到圣经，回到十字架，在神的话语上牢牢扎根。

这次大会还有两个最大的特点，一是无论是会前还是整个会议过程中，都有很多祷告。大会开始的第一个晚上，多位资深牧师传道人，带领全体会众举行了长达四个多小时的祷告。大会期间，每晚上都有牧者带领、基督徒自愿参加的通宵祷告。再有，数十间教会来的弟兄姊妹，临时组成了大型诗班，配合得相当好。当全体会众同声高唱赞美诗，让人有一种同心合一、直达穹苍的感动。

感动带来行动，从芝加哥大会回来，正好是辞旧迎新的元旦，我重新检视自己走过的旅程，厘清优先次序，并与神再次立约：每天祷告，感谢主恩并寻求神对我个人的带领；开始精读新约圣经，求质不求量，多默想理解圣经精义；参加教会圣经学院的系统神学课程；安心自己的工作并以"多走一里路"的精神来见证神；阅读有关书籍，在了解异教文化的同时增加辨别力。

"中国福音大会"是灵命复兴的大会，是不可多得的学习机会，帮助我们审视自己脚步，调整过往的偏差。愿所有认识或尚未认识基督的朋友都能参加这个盛会，一同品尝其中的甘甜。

原载于《生命季刊》第 11 卷，2007 年第 1 期，总第 41 期

嫁 女

"请不要忘记，上帝在你们身上有计划，你们是在神的家庭里建造婚姻。"

"女大不当留""男大当婚女大当嫁"，是中国文化几千年不变的传统，也是中国父母根深蒂固的理念。

女儿一上大学，我就郑重其事地宣布解禁："你可以谈恋爱了，睁大眼睛认真挑，标准订得高一点。"谁知大学四年、研究院一年，"和平使者"两年，工作三年，不知是我这老娘的教育失策，还是女儿的眼睛瞪得太大，眼看她要挨上三十岁的边了，还是没着落。这可急坏了我这当娘的，有意无意旁敲侧击地催她加紧，还鼓动她借助网络红娘。起初女儿说网络太复杂、太危险，待我把电子时代要与时俱进的观念反复向她灌输，又把多位朋友通过网络，觅得佳偶的例子讲给她听，她才终于听劝了，于去年六月在 eHarmony 婚介网站注册。

我没细问女儿怎么填写的个人信息，只听她说，在特别要求一栏中强调"对方必须是基督徒并有真实的信仰"。网站接二连三给她送来一些男士信息，约书亚（Josh）的信息是女儿递交申请表一周后收到的。

几经联络，女儿锁定了 Josh。Josh 祖籍德国，生长于密苏里州的圣路易斯，三代基督徒。Josh 在大学二年级，确定了自己的人生方向，准备奉献神职。大学期间选择了跨学科专业，毕业后进入神学院深造四年，获神学硕士学位。Josh 现为威斯康辛州一镇上的路德教会副牧师，协助正牧师牧养一间 500 人的教会。

Josh 工作地点离芝加哥两小时车程。当时女儿在佛蒙特州（Vermont）工作，为了方便接触，她申请了芝加哥办事处的职位，两个月后顺利奔赴芝加哥。两位有情人终于走下网络开始真实交往。

一年的相处了解、互访家庭，获得亲戚朋友认可。今年六月，Josh 借我们去芝加哥探望女儿之机，郑重其事向我们请求，把女儿许配给他。七月份，Josh 买好钻戒，正式向女儿求婚，定于同年 11 月 11 日举行婚礼。

婚礼在 Josh 工作的教会举办，之前一天彩排。Josh 的祖父母、父母、双胞胎弟弟，两位伯伯，三位舅舅，一位姨妈，均携配偶与孩子抵达。最让女儿兴奋的是广州的三伯伯、三伯母，万里迢迢飞来参加婚礼，还为他们赶织了情侣羊毛围巾。

女儿的四位伴娘——Liza、Christie、Martha、Sherry 也从纽约、宾州、DC 等地飞来参加彩排。彩排晚宴由 Josh 的父母安排，非常精致的西餐。席间 Josh 的妈妈 Mimi 说了个小故事：那时 Josh 才三四岁，一天他在教会里问小朋友："你有玩具吗？"小朋友答："有啊。"Josh 又问："你愿意与人分享吗？"小朋友不解地问："为什么？"Josh 转向另一位小朋友问："你有钱吗？"小朋友答："有啊。"Josh 再问："你愿意分享吗？"小朋友们都不理解 Josh 为什么这么问。Mimi 看在眼里，喜在心上。她说，从那时起，她就认为 Josh 长大了会当牧师。

我也说了一个女儿的故事。那时她八岁，我带她来美国探亲，不久我信主接受耶稣基督的救恩。那时我读《圣经》有许多不理解的地方，教会的师母总是非常耐心地解答，也常常接送我们往返教会。在女儿的心目中，师母是最和蔼可亲的人。

一天，女儿问我："耶稣会不会接受我？"我说"会啊，只要我们愿意认自己的罪，承认他为救主，他就接纳我们啊。"女儿说，"我有好多好多罪呢，我不听爸爸妈妈的话，还撒过谎。"我问她愿意不愿意与我一起祷告，求主赦免。她说愿意。我握着女儿的手，一起跪下祷告，当时我感觉女儿浑身发抖。祷告完，女儿说自己浑身像有火在烧，还说："我长大了要当师母。"我心里暗喜，一直记着这句话。故事说完，我们两亲家一同哈哈大笑，那是童言和预感得到印证的开心。

婚礼在教会众弟兄姊妹的帮助下进行得非常顺利，200多个座位的教会座无虚席。婚礼开始，辈分最长的 Josh 祖父母首先被带入座席，随后，Josh 妈妈与我被分别带到台前，手牵手走上台，点燃代表各自家族的蜡烛。

四对伴娘伴郎入场分列两边，花童 Anna，撒着玫瑰花瓣入场。先生在庄重的音乐声中，挽着女儿走上红地毯。女儿是父亲前世的情人，掌上明珠样地从小捧到大，可以猜想他当时的心情多么复杂，难怪他一脸庄严。先生携女儿来到 Josh 面前，与 Josh 握手后，郑重地将女儿的手交在 Josh 的手上。

牧师 Carl 对新人的勉励教导语重心长，他说，今天是你们的结婚日，也是你们未来生活的起点，也许你们的热情和爱情，会在平凡的生活中逐渐损耗，也许你们会遇到各种困难和挑战，甚至经历苦难。请不要忘记，上帝在你们身上有计划，你们是在神的家庭里建造婚姻。最后，牧师用哥林多前书第十三章勉励这对新人："爱是恒久忍耐，又有恩慈；爱是不嫉妒，爱是不自夸，不张狂，不做害羞的事，不求自己的益处，不轻易发怒，不计算人的恶，不喜欢不义，只喜欢真理；凡事包容，凡事相信，凡事盼望，凡事忍耐。爱是永不止息。"

女儿婚礼（2016年11月11日）

牧师分别带领新郎新娘宣读结婚誓言，新郎新娘交换戒指。新郎新娘上台，分别拿起代表各自家族的蜡烛，共同点亮中间的大蜡烛，表示从此两人合而为一。Josh领着女儿走上教堂的中央过道，接受会众的祝福，新人脸上洋溢着幸福的笑容。

婚礼之后是茶点招待会，交谊厅满满的，都是亲朋好友与教会会友。之后，有100多位亲朋、嘉宾参加了晚宴。三位伴娘的发言感人至深。Liza首先发言，她是女儿的高中同学，与女儿同为网球队队员。她回忆了与女儿相识的过程，她们是在学校附近的图书馆认识的。那天，Liza正借助中英字典做作业，在图书馆打工的女儿主动上前与她打招呼，告诉她，光查字典很难把口语练好，要多与同学交谈，英语进步才快。从此她们成为闺蜜。Liza 发言结束,特意来到我们面前,对我们说,她非常羡慕女儿与我们有亲密的关系。

Christine 是女儿大学"女子领袖菁英班"同学,这位来自波多黎哥的女孩,是有名的高材生,曾在大学毕业典礼上,作为学生代表发言。她说女儿像她生命中的太阳,总是积极的、正面的、向上的。

Sharrey 是女儿在教会团契认识的姊妹,也是信仰路上的好伙伴,她们常常分享属灵经验,彼此代祷。Sharrey 当兵七年,两次被派往伊拉克,大学学业断断续续。Sharrey 说,大学毕业后,是女儿教她如何面试,也是女儿帮助她,找到了政府部门的工作岗位。不仅如此,女儿还接待她同住,帮助她适应新生活、过度到新岗位。Sharrey 说:"Josh,你要有思想准备,因为你娶了个非常调皮的女孩。当然,她也是个好厨娘。"

几位伴娘都是含着眼泪,哽咽着讲述女儿对她们生命产生的影响。我原没打算发言,但感人的场面,让我忘记了自己英语的不流利、不自信。我发言说:"女儿被选拔去菲律宾当'和平使者'时,需要签署一些文件。一天,女儿带回一份'生命保险'(Life Insurance)文件,嘻皮笑脸地对我说:'妈妈,如果我发生意外,你们就可以得到 25 万美金的人寿保险。'我当即大声说:'我不要一分钱,我要你平平安安给我回来!'我知道,上帝不会让女儿那么快离开我们,神在她身上有计划。如今看见女儿平平安安地坐在 Josh 身边,由衷地高兴和感动。非常欣喜女儿能加入一个关系密切的大家庭,祝福这对新人幸福快乐!"我以为,女儿有了令我们放心的归属,我不会哭,然而发言时,我的眼泪像开了闸的水喷涌而出。女儿与 Josh 起身上前与我紧紧相拥,Josh 说请允许他叫我妈妈。

晚宴的食物很好吃，伴娘伴郎们设计的游戏很有意思。音响师也非常棒，相间播放着传统舞曲、迪士戈和排舞音乐。几曲动作步伐都是大家熟悉的排舞曲，男女老少都上场，数十人步调一致、尽情起舞，场面非常壮观。

女儿的表弟 Tom，是新州高中管弦乐队成员，他从新州背去萨克斯风为大家演奏《婚礼曲》。女儿不知何时，向 Josh 的家人宣传说我会跳中国民族舞。Josh 的祖母来到我面前，拉着我的手，恳求我为大家表演一个节目。作为晚辈，恭敬不如从命，能为从四面八方聚拢的中美亲友，展示一下中国舞蹈，也是幸事一桩吧。只是事先没准备，穿着旗袍跳蒙古舞，可谓奇葩了一回。

晚会期间，一对老夫妇来找我聊天，他们是 Josh 小学五年级的老师。老夫妇从 Josh 的家乡，驱车六小时前来参加婚礼。他们说，Josh 从小就是位好学生，他们一直关注着 Josh 的成长。这次能来参加 Josh 的婚礼，见他娶到了一位好太太，非常欣慰。另一对老牧师夫妇也来找我聊天，告诉我，是他们给这对新人做的婚前辅导。还说，你们的家庭教育不错，你的女儿会是个好妻子、好师母。

狂欢晚会持续到晚上近 11 点，大家尽兴而欢，依依不舍相拥道别。借此，也特别感谢许多亲朋好有的祝福和礼金，以及许许多多让我转达祝福的朋友。愿上帝也赐福你们每个人和每个家庭。衷心祝福新人幸福美满，主恩同在！

2016 年 11 月 13 日

纪事篇

传递感动的母亲节

今年的母亲节，疫情把我们隔开，但感动仍在人间传递。艳阳天，祝福卡，爱心行动，激励人的故事和歌曲，在在记录着这不平凡的节日。

美东的五月，是一年中最美好的季节。往年，第二个周日的母亲节，是我们家庭的"法定聚会日"，两三代母亲一起过节，共享亲情。

如今新冠疫情蔓延全球，禁足令尚未解除，只能通过微信、电话或视频互送母亲节的祝福。妹妹给母亲订购了玫瑰花；我从网络上给母亲订了份礼物；女儿通过视频祝我节日快乐；我也祝贺女儿的第二个母亲节快乐。母亲的平安，是孩子们最大的心愿。疫情中，多少家庭失去了母亲，给亲人留下悲痛的母亲节，成为重灾区的养老院，尤其让人挂心。

想到这儿，我给在默里克护理和康复中心（Merwick Care & Rehabilitation Center）工作的 Christine 姐妹发去电子贺卡。Christine 曾带我参观过这所犹太人主办的康复养老中心，中心分暂住的康复区和长期护养的养老区，行政与护理人员达 100 多位，常年帮助和照顾着 200 多位老人。Christine 带我巡房时，对老人家嘘寒问暖，摸摸这位的脸，拍拍那位的背，时而像女儿，时而像母亲。老人们拉着她的手絮絮叨叨，不愿意让她

离开。Christine告诉我，她除了照顾安慰他们，她还不时要充当调解员，调和老人之间的矛盾。疫情期间，养老中心也出

疫情中的养老院见面会（2020年母亲节）

现医护人员辞职，工作量加大的情况，但Christine经过纠结，还是决定继续留在工作岗位上。

自三月起，默里克护理和康复中心便禁止家属探视和转送物品。工作人员每周至少一次帮助老人与家人视频聊天。由于采取措施及时、严格，长住的百位老人中，仅有一位感染新冠病毒。全院300多人，至今感染病例11例，死亡一例，据称是新州染病率最低的老人院。

想到老人两个多月未能见到亲人，Christine与工作人员决定在母亲节这天，为老人们设计一个温馨的见面会。她们用鲜花、彩球，装点了有大玻璃窗的走廊，帮助老人联络家人、确定会面时间。老人们按时来到大玻璃前，用电话与亲人聊天问候，每家15分钟。看着老人与家人们开心愉快又依依惜别，在一边拍照的Christine泪流不止，更觉得自己的工作有意义有价值。

我也得知，一些年轻的妈妈，不甘成为疫情的局外人。几

天前，我接到一对医生夫妇的电话，他们在布鲁克林开儿科诊所。疫情中，他们除坚持每天在网上给孩子们看病咨询，还定时去诊所给需要接种的孩子打针。正当他们发愁防护用品青黄不接时，几位孩子的妈妈主动给他们打电话，向他们捐赠防护品。医生夫妇感动得不知说什么好，因无法从经销商订购防护品，更觉得这些赞助如及时雨、雪中炭。

我联系了捐赠负责人曹丽，她身为指甲店小业主，已歇业多时。我问她，是不是某个组织发起募捐？她说不是，只是一些微信群里的朋友，聊到要为抗疫做点事情。结果说干就干，一边集资，一边分头找货源，找运输渠道，办理手续。她们从中国的不同厂家订购了护目镜、防护服、面罩、洗手液等，尽管经历了一些曲折，等了一个多月时间，订购的物品终于全部到齐。她们分头联络诊所和医院，以保证把防护品送到需要的地方。新州北部的一家医院，也获得了她们的捐赠。

默里克护理和康复中心接受华人社团捐赠
（2020年5月）

曹丽的言语非常朴实，让我感到这些自发的、不带功利心的关爱，是母亲的天性，也是母亲的伟大。我所知道的几个捐赠团体，也是由母亲发起。一位母亲从大陆疫情开始，就组织乐捐的朋友寻找货源，向大陆捐赠口罩。疫情传到美国后，她仍然一直关注并寻找货源。另一位母亲，得知有一批防护品滞留在宾州仓库，立即组织募捐，分批买下这些防护品，再通过私人关系联络医生，把防护品直接送到医院科室。

更有许多身为母亲的医护人员，仍然战斗在第一线，为病患带去母爱般的温暖和帮助。相信今年这个母亲节，在她们一生中，具有非凡意义。

母亲节当天，我被一首优美的歌曲深深打动——《孤单但不孤独》。当我得知，这首歌曲是由一位高位截瘫的残疾人演唱，禁不住要去了解她。

乔妮·埃里克森·塔达（Joni Eareckson Tada），1949年出生于马里兰州的巴尔的摩。她从青少年起便像父亲那样喜爱运动，学会了骑马、打网球和游泳。1967年夏，乔妮在跳水时不幸发生意外，第四、五颈椎骨折，引起高位截瘫。

这个打击，对于不满18岁的乔妮来说，无异于刚绽放的花朵，遭遇毁灭性的摧残。在两年的康复过程中，乔妮愤怒过、绝望过，甚至产生过轻生念头。乔妮的父母都是敬虔的基督徒，信仰的种子从小埋在了乔妮心中。意外发生后，乔妮也曾怀疑过自己的信仰，最终她确信，上帝在她的生命中有特别的计划。

乔妮学会了用牙齿咬着笔写字、绘画，学会了自己喂饭，但最基本的生活还是要靠人帮助。乔妮靠着坚定的信仰和坚强的毅力，完成了大学学业，开始写作。1976年，她出版自传《乔妮》（Joni），在书中记载了自己与四肢瘫痪和抑郁症作斗争的经历。该书被翻译成多种文字，成为当年的国际畅销书。1979年，乔妮的故事被搬上银幕，她自己演自己。她的励志故事，激励了千千万万的残疾人，她也被誉为"轮椅上的画家"。

1979 年，乔妮成立了"乔妮之友"非盈利机构（www.joniandfriends.org），旨在"促进全世界残疾人的社区基督教事工"。多年来，以营会、广播、培训等方式，促进社区和教会关怀残疾人的事工。2007 年，"乔妮之友国际残疾中心"在美国加州成立，事工扩展到全世界 47 个国家，为这些国家提供的轮椅达 17 万辆之多。乔妮也曾在"全国残疾人理事会"和"美国国务院残疾人咨询委员会"任职。

2010 年乔妮患上第三期乳腺癌，经手术与放疗后治愈。2018 年，乔妮曾经手术的部位发现了新癌灶，但她依然积极乐观面对。如今，乔妮再次宣布，她战胜了癌症。

上帝眷顾命运多舛的乔妮，赐下一位日裔男子，成为她的终身伴侣。面对种种困难，她们在信仰中建造婚姻，成为婚姻家庭的榜样。上帝也使用乔妮的多才多艺，激励千千万万的残疾人。至今为止，乔妮写作出版的书籍近 50 册；绘画充满着生命的感染力，受到许多人喜爱；她还喜欢唱歌，录制了好几张唱片。

2013 年，电影《孤单却不孤独》拍摄时，导演认为乔妮对苦难与命运有深切理解和感悟，特请她来录制主题曲。乔妮说，这首歌就是她的祷告，若不靠着上帝，她不可能做到。歌曲播放后，立即被广泛传唱，也被提名为奥斯卡 2014 年原创歌曲奖。

百年不遇的新冠肺炎传染病，令无数家庭受苦，让无数人命悬一线，苦难似乎是个无解、又随时随地发生的难题。在尚

无有效治疗措施的当前,生命更显脆弱和无助。《孤单却不孤独》这首歌带给我们力量,也带给我们安慰:

  当我的脚步迷失

  绝望地渴求方向时

  我感到你的触摸

  你同在我身旁赐我安稳

  我不是孤身受惊恐

  我孤单,却不孤独。

  今年的母亲节,疫情把我们隔开,但感动仍在人间传递。艳阳天,祝福卡,爱心行动,激励人的故事和歌曲,在在记录着这不平凡的节日。祝天下的母亲节日快乐!盼病患中的母亲们早日康复!愿经历痛苦的家庭得安慰!

原载于《新州周报》,2020 年 5 月 28 日

話題篇

网络择友非夜谭

我再次提醒基督徒弟兄姐妹们，在择友择偶这件事上，不要丧失对神的信心，相信祂必有预备。

E世纪的今天，网络成为人们工作、学习、生活、娱乐和人际交往的必要工具，甚至成为人们最亲密最忠实的伙伴和拐杖。

随着通讯业发展，人与人之间的交往越来越走向间接，网络交友也应运而生。许多网络给人们提供聊天室、论坛（BBS）和交友俱乐部，为人们架起沟通的桥梁、建立友情的渠道，网恋的例子从此屡见不鲜。对于E世纪的单身基督徒，是否可涉足充满活力和陷阱的网络？是否可依赖网络择偶或择友？如果进入网络择友，应该有哪些思想准备？

熟悉网络与网人

在信息大爆炸的今天，网络可以说是人们的望远镜和助听器，它大大地开阔了我们的视听范围，也大大地扩展了我们的交际范围。在网上隔着显示屏，没有面对面的礼节和忌讳，言谈会更加大胆和坦率，而在成千上万的网人中，也更容易遇到思想和背景相近、志趣相投的朋友。"物以类聚、人以群分"，气息相投的朋友会很自然的彼此关注和聚集。

不论从事的专业是否与电脑有关，工作之余的网络活动不外乎三种情况：

1. 阅读网络新闻，检索所需资料。
2. 进行娱乐活动，丰富业余生活。喜欢写作或者打游戏的人不在少数。
3. 与朋友、准朋友或是还不认识的网人进行交流沟通。

下面我们着重探讨第三种情况。

网络交流沟通的方式大致可归纳为：通过电子邮件的信函往来；与某位朋友在聊天室笔谈，或几位朋友就一个话题发表见解，甚至开网络会议；再就是在网上论坛（BBS）上跟帖、对话、发表意见。跟帖发表意见或者观点时，常常是发言的人少围观的人多。有人说："你想让他上天堂吗？送他去 BBS；你想让他下地狱吗？送他去 BBS。"还有一位网友说："朝识BBS，夕死无憾矣。"可见 BBS 对人的诱惑力有多大。许多人在网上择友和交友，就是从围观 BBS 上的发帖、对话、讨论开始。

故此，有心通过网络交友或选择终身伴侣的单身青年，可以先去各个网站的 BBS "潜水"，即只看不说，过一段时间，你就会大致了解这个论坛的人员组成和人文气氛。如万维读者网的"天下论坛"，聚集着一群谈论新闻时事、关心国家大事和世界政局的人；万维网的"恋恋风尘"，聚集着许多有感情需求的单身男女；万维网的"彩虹之约"，是探讨人生意义和信仰的论坛。还有的论坛是文学爱好者相聚的地方，他们在一起谈书论诗、欣赏美文，请文友网友给自己的作品提意见等等，不胜枚举。通过潜水观察，网友们的个性特质，便通过他们的文字和对话显露出来了。有的善良友好，有的温柔多情，有的爱打爱闹，有的有明显的心理不平衡。

辨别良善有智慧

打算在网络上择友或择偶的弟兄姐妹，不要忘记在观察人的同时还要祷告，求神赐给我们辨别的智慧。

论坛交友的过程大致如下：

1) 对背景类似、理念相近、言谈礼貌、发言有见地、作品文辞优美有深度的人产生好感。

2) 对有好感的人产生兴趣，会多注意他/她的行踪，殷勤跟贴表达赞赏和好感，期望有机会直接对话。

3) 互换电子邮件或电话。

4) 互换照片，相约进行网下接触。

其实网络也是个龙蛇混杂的地方，尽管大多数人能真诚地敞开思想交流，但也有些人是专门来猎情猎色的，这是初上网的人要特别小心的陷阱。有的人早已成婚甚至有孩子了，却从来不暴露与家庭孩子有关的信息，把自己打扮成单身贵族。人都喜欢被恭维被赞赏，对关注自己的人会产生好感，期望进一步接触，所以对于那些尽说恭维话，却很难从文字中辨别性格和思想的人，要特别警惕。有一些是网络沉溺者，他们好象住在网上，随时随地都可以在网上碰见，且见他们游荡于多个论坛，反应敏捷，回帖迅速。对于这些人也要警惕，慎重交往。人的生活是现实而多层面的，网络则是个虚拟世界，脱离现实情景和实际生活，它可以像鸦片那样给人快乐又让人上瘾。

有人根据网上网下是否有差距，把网人归为三类：

第一类网上网下差距不大。这类人在网上的表现比较本真，也不隐瞒地表现着自己的性格特征，甚至上网后挖掘出自己的潜质潜能。比如不少网络写手，开始只是有感而发写写随笔，得到鼓励后越写越好，就写成了网络作家。

第二类有双重人格。这类人在现实生活中沉默寡言，内向孤僻，但内心却很丰富，知识也渊博。来到网上，便可以借助文字充分表达自己，展示自己的内秀，给人以活泼开朗、多才多艺的印象。

第三类是想成为自己不可能成为的人。例如一位男性网友很想成为女人，他就用个女孩的网名，以女孩口吻发言。也有的人已到中年，却想再次体验少男少女们卿卿我我的恋情，或找到蓝颜或红颜知己，网络都可以满足他们的需求。

不管怎么说，没有节制地浸淫于网络，会把现实世界与虚拟生活的鸿沟越挖越宽，越挖越深。科学研究发现，长期沉溺于网络的人，大脑影像和脑电波功能出现异常，也有专家建议，把网络成瘾症列为"精神障碍"或"精神疾病"的范畴。因此，有智慧地辨别网人是成功择友和择偶的第二步。

感觉太虚不为凭

在网络世界，显示屏把面部表情、声音的抑扬顿挫和肢体动作，都过滤得干干净净，所有观察和了解仅凭文字，也就是说文字带给双方的感觉占绝大部分。可是，感觉与现实有距离，甚至会相去甚远。

就像我们恋爱一样，读温馨的情书感觉一定非常美好，甚至希望什么事情都不做，整天沉浸在这种美好的感觉中。网络使人与人的内心距离缩短，却也容易使人的感情升温速度过快。故此，交往时要注意不能仅凭感觉来判断对方，还要警惕自己把美化对方的幻像叠加进去。其实，面对面的观察和实际接触更为重要。网络上相识的适婚青年若决定敞开自己，真诚交往，应尽可能早地约会相见，不要等自己的感情发展到不能自拔的地步、甚至到了谈婚论嫁的程度再见面，这样可避免受伤害太深。有人说网络交友"见光死"的比率几乎百分之百，就是没有及时将理想与现实结合起来，虚拟世界的恋情成了"黄粱一梦"。

读过一篇有关网恋的小说，描写一对年轻人在网络上认识并彼此钟情，决定约会。当两人互相给出自己真正姓名和地址，才发现他们是大学校友，可巧还住在同一个宿舍楼。不仅如此，俩人还听到过彼此名字和不佳的传闻，最终未见面并停止了交往。

当然，对网络择友也不必"谈网色变"或"避之不及"，只是提醒各位：将网上喜欢的对象，过渡到你真正信赖、可以托付终身的伴侣是非常重要的环节，也是必不可少的过程。不要过久地停留在网络交往的幻象中，也不要凭感情冲动做决定，才能避免太大的伤害和失望。

喜结良缘会有时

事实上，我也听到过不少网上择偶、喜结良缘的故事，也见过从网友到恋人最后到夫妻的例子，他们相亲相爱，互学互敬，令人羡慕。我甚至还为互有爱慕之心、但羞于表达自己的网友出谋划策，牵线搭桥，喜见有情人终成眷属。年轻的朋友，相信你身边总有些善解人意、乐于助人的"过来人"，请他们做做参谋，拿拿主意，牵牵线、搭搭桥还是很有益处的。

同时我再次提醒基督徒弟兄姐妹们，在择友择偶这件事上，不要丧失对神的信心，相信祂必有预备。我认识的朋友中，有一对在网络上认识而结婚的基督徒朋友，结婚前他们一个生活在美国，一个生长在台湾，谈婚论嫁准备结婚时才见第一面。他们同样经历了由感觉到现实、由虚拟到真实、由浪漫到默契的过程。他们相信婚姻是神所设立、受神保护，本着彼此相爱和顺服圣经教导的心，经历一段时间的磨合协调，婚姻终于达到和谐美满。

最后祝愿所有想尝试网上择友择偶的朋友顺利如意！

原载于《使者》杂志第 45 卷，2002 年第 4 期

让婚姻之花长开

在新约中，耶稣再次强调婚姻是神所设立的，夫妻应该成为一体。按照圣经的教导来彼此相待，才能让婚姻之花长开不败。

婚姻是神所设立的，是美好的。然而，现实生活中原本恩恩爱爱的一对，却会反目成仇，原先如胶似漆、难舍难分的情侣，结了婚却在一个屋檐下找不到话说。问题的原因到底出在何处？

我们从《圣经》来看看上帝的教导。

夫妻委身，从一而终

神最初设立的婚姻是一夫一妻制的，"耶和华说：'那人独居不好，我要为他造一个配偶帮助他。'"（《创世记》2：18）除此之外，神在从一而终方面也有许多教导。如："作监督的，必须无可指责，只作一个妇人的丈夫。"（《提摩太前书》3：2）"执事只要作一个妇人的丈夫，好好管理儿女和自己的家。"（《提摩太前书》3：12）

在新约中，耶稣再次强调婚姻是神所设立的，夫妻应该成为一体。请看《马可福音》第10章第7节："人要离开父母，与妻子连合，二人成为一体。既然如此，夫妻不再是两个人，乃是一体的了。所以神配合的，人不可分开。"《马太福音》19章中也有类似的教导。

有人会问，为什么圣经人物也有一夫多妻甚至乱伦的呢？如以色列的祖先、大卫王、所罗门王等等。是的，圣经中确实有这样的人。可是有小妾或嫔妃导致的后果和代价是什么呢？无非是争斗、结怨、淫乱……大卫王的长子，因贪恋、强暴了同父异母的妹妹，而引起家族中手足相残。据记载，阿拉伯民族是亚伯拉罕的妾夏甲的后裔，到如今中东地区争斗不止。就连梅毒、艾滋病，也多发生于性生活不检点者和同性恋中。可见，神对这些事是憎恨的，是不容忍的。神对他要降下的审判早已有言在先："婚姻，人人都当尊重，床也不可污秽，因为苟合行淫的人，神必要审判"（《希伯来书》13：4）

爱情花朵，必须培植

两个有情有缘、经过恋爱自愿结婚的人，并不像有些人认为的那样大功告成了。相反，这只是人生的万里长征走完了单身、进入双人旅程的第一步，后面的路更长，更艰难，有更多功课要学习。

因此，每一对年轻人步入婚姻殿堂时就应该明白：我接纳的另一半是神为我准备的，是不可分离的；在神面前所立的婚约，不是儿戏。有了这样的思想准备，我们就会花心思，动脑筋，采取认真、负责、严肃的态度，来对待自己的另一半。

要使我们的爱情花朵长开不败，还必须勤浇水，多施肥。据说茶花很昂贵，很难培植，如果花开过后忘了松土、施肥，第二年花就不再开了。婚姻何尝不是如此？可人们常常会走入一个误区，认为既然结婚了，就是一家子了，用不着客客气气或有所顾忌了。这么一来，婚前掩藏得好好的弱点和缺点，就一一曝露出来，如任性、不自律、不再欣赏对方、不注意对方的感觉等等。这些不明智的做法，无一不每天蚕食着我们的爱情和婚姻。

结婚35周年纪念
（1984年-2019年）

看看神是怎么教导我们的："你们作丈夫的，要爱你们的妻子；正如基督爱教会，为教会舍己……丈夫也当照样爱妻子，如同爱自己的身子，爱妻子便是爱自己了。从来没有人恨恶自己的身子，总是保养顾惜，正像基督待教会一样……。"（《以弗所书》5：25-29）论到身为监督或执事的丈夫时，圣经的要求更高。

神对妻子的教导是："你们作妻子的，当顺服自己的丈夫，如同顺服主。因为丈夫是妻子的头，如同基督是教会的头……教会怎样顺服基督，妻子也要怎样凡事顺服丈夫。"（《以弗所书》5：22-24）

逆耳忠言 益己益彼

在此送给丈夫们和妻子们一些建议，盼望夫妻们能彼此相爱，也懂得如何相爱，让耶稣基督作一家之主，同走天路，同蒙祝福。

首先，给丈夫三条建议：

1. 做丈夫的，结婚后仍然要经常保持与妻子交流沟通。妻子是你的一半，你的工作、学习、生活和成败，都与她息息相关、令她牵肠挂肚。她很乐意知道你的工作、事业进展情况，同时非常希望你把她当作知心朋友来倾诉心声。有时，女人的第六感觉是非常敏感和准确的，不仅能帮你出点子还常常有预警，先生的工作和情感遇到麻烦时，也很难逃过太太的第六感觉。

   工作之余，别忘了与太太有一些单独在一起的时间，如约太太看场电影，陪太太逛逛街。若见太太面有难色或愁容，多问问是怎么回事。总之，要保持婚前对太太的那种在乎和关爱。

2. 继续欣赏太太的动人之处。大凡当初追求太太时，都是被她的动人之处所吸引，比如说姑娘的气质、品行、外貌、学业等等。而婚后的丈夫，就好像对这一切视而不见，无动于衷了。当初小伙子总觉得姑娘的眼睛传神，可升级当了丈夫或孩子他爸后，就不再去注意太太的眼睛了，更不会去探究"不言中"的"千言万语"了。

   "好话一句三冬暖"，如果先生能像恋爱时那样，每天发现太太身上的可爱之处，及时送上一句赞美的言辞，我保证你会常常浸泡在浓情蜜意之中。对于女人来说，赞词是爱情最好的保鲜剂，也是家庭最好的润滑油。

3. 改掉不良嗜好。单身时自由自在，无拘无束，吸烟、喝酒、打牌、不爱整洁、不拘小节、与朋友在一起谈天说地忘记归家。婚后生活有了重大改变，你不再是单身一人，你必须在乎另一半的感觉。这时你就要放弃自己的部分自由，放弃一些你酷爱却不是太好、不讨太太欢心的习惯或嗜好。为了缔造一个美好的婚姻，你必须付出些代价，而这个代价是一本万利、绝对胜算的。

接下来是给妻子的三条建议：

1. 少唠叨，多宽厚。曾见过一篇统计报道《男人最讨厌的"女人的10大缺点"》，唠叨排在第一位，可见大多数丈夫讨厌甚至厌恶唠叨。妻子一般做家务比较多，就自视为家中的当权派，颐指气使，甚至用数落的口气，来发泄自己的不满。男人紧张工作一天回到家，只想轻松一下，进门衣服鞋袜不经意就随手放，妻子便开始唠叨，这真的很不明智。想想看，筋疲力尽的丈夫回到家耳根子还不得清静，神经还得不到放松，这家对他来说还有什么意义？有些丈夫下了班不想回家，或借故加班，妻子是不是也负有责任呢？

2. 爱整洁，修边幅。不爱整洁不修边幅，也是丈夫讨厌的妻子10大缺点之一。有些姑娘嫁了人，尤其是生了孩子，就好像完成了历史使命，身价自动升为西天王母，不再注重自我约束和自我形象，整日衣冠不整、礼仪不周、口无遮拦、没精打采,连自己都承认自己是"黄脸婆"。中国有句谚语:"人为悦己者容"。丈夫就是妻子的"悦己者",为了他的感受,妻子应该修饰自己、打扮自己,让自己成为他眼中"永远的西施"。

3. 信任对方,给予空间。俗说:"男人三十一枝花,女人三十豆腐渣"。虽然我不完全赞同这句话,但也不得不承认它有一定道理,就女性的生理和心理来说,若不注重保养是很容易衰老的。孩子落地,年龄见长,红颜逝去,皱纹爬上眼角额头;不该长肉的地方疯长,该丰满挺拔的地方却松弛萎缩。

伴随安全感缺乏和自卑心理作祟,导致出不当的行为模式,会把自己推向悲剧角色。比如,妻子对丈夫偶尔接到的女士电话刨根问底,丈夫作了解释妻子还不依不饶,丈夫就会觉得不被尊重甚至受到控制。当彼此缺乏信任,心就渐渐凉了,心门慢慢关闭。原本没什么大了不起的事情,变成了秘密,憋不住的丈夫,会去找妻子以外的人倾吐心声;疑神疑鬼的妻子,落到自食其果的地步。

林林总总,例子不胜枚举。归纳为一句话:要使婚姻之花常开,必须彼此尊重,坦诚交流,真心赞赏,给予空间以及包容对方的习惯和缺点。只有按照圣经的教导来彼此相待,才能让婚姻之花长开不败。

原载于《海外校园》第 79 期,2006 年 10 月

話題篇

情牵永世

——众谈婚姻的迷思

因为婚姻是神设立的最亲密的关系,男女一起可以体会生活的美和奇妙。而且夫妻角色是多方面的互补。

时代的危机:一半人离婚

布什总统在 2004 年向国会提出的国情咨文中,有一项计划是拨款十五亿美元,宣传婚姻的重要性,以求改善国民面临的婚姻危机,包括教育、辅导低收入家庭的婚姻品质。

为什么布什总统这么看重国民的婚姻生活?据 2001 年全美的统计资料显示,每一千人口中,约有八人结婚。同时,离婚资料显示,每一千人当中,就有四位离婚者。这说明了美国的离婚率高达百分之五十。据统计单位预测,2004 年若有二百卅万对新人成婚,其中将近一半会以离婚收场。

专家们表示,自前任总统柯林顿和陆文斯基的婚外情,到名歌星小甜甜只维持一天的婚姻,从传统的冗长痛苦的仳离诉讼,到今天价廉速成的网上离婚,可以看出"神圣婚姻"的观念和品质,已经面临严重的冲击。

可喜的现象是,2004 年 1 月份的《时代杂志》刊登的婚姻与性爱的系列文章中，提到婚姻辅导专业方面的统计。1966年时，从事婚姻顾问的专家只有一千八百人，四十年后的2001年，已增至四万七千多人。据估计，这些专家每年约辅导八十六万三千多对夫妇。

虽然各派心理辅导专家的理论方法有别，但是这些统计都显示出：虽然丈夫忙碌、妻子寂寞的怨偶比比皆是，但他们不想分离，愿意重整家庭。这就说明了不美满的婚姻，有修复的机会和方法。

笔者因而特别邀请了三对夫妻，以过来人的身份，谈自身的婚姻经历，及感受、经验。更邀请了三位婚姻家庭方面的辅导人员，从压力来源、沟通原则、男女的角色，及重建的秘诀四个角度，谈如何改善婚姻生活。他们是：

詹宏、刘美琳：教会牧师、师母，从事家庭辅导，育有二女一子。

庄光桢：配合政府医疗计划，从事儿童、青少年及家庭婚姻治疗的心理辅导多年。

陈志诚、陈德春：教会牧师、师母，从事家庭辅导，育二子。

王一乐、郝彤：结婚11年半，育一子。

徐立、庄伟苓：结婚23年。

袁正清、何之雯：结婚48年，一对儿女已成家立业。

压力顶在头：内心阴霾重

一乐和郝彤的孩子快一岁时，帮他们带孩子的姥姥姥爷回国，爷爷奶奶却还没签证出来。那时一乐已获得学位，找到了工作，郝彤也通过了医生资格考试，正在家中准备修读学位的毕业论文答辩。房子的打理清扫原来都是姥爷姥姥承担，他们走后便由郝彤承担。郝彤挺累也挺孤独，更糟的是，有时一乐下班回家不问候她一声，就直接去干自己的事情。她觉得不再被重视和关心，心里很委屈，遇到一些小事也容易发火、拌嘴，结果吵一次伤一次感情。郝彤心灰意冷地想："认了吧，当初感情那么好，如今也就这个结果，婚姻太让人失望。"一乐则觉得自己的家，简直像座坟墓。

徐立和伟苓则有姻亲相处的问题。伟苓的父母第一次由台湾来看探望小俩口时，徐立不习惯家里多了两个人。而伟苓是家中的长女，家庭关系相当紧密，父母很自然地站在女儿的角度，观察他们的婚姻，冲突就这样开始了。

如何能沟通：要像站路口

心理学家庄光桢认为，夫妻争吵是自然现象，因为人都不完美。通常在生下第一个孩子时，夫妻之间的紧张压力就渐渐增加。有人说有了孩子，可以避免争吵，事实上埋头照顾孩子，只是一种逃避、转移注意力的方式。如果夫妻平日不注意建立良好关系，等孩子长大离家后，反而要花更大的代价来恢复夫妻关系。

冲突的原因很多，但是若归纳为一个原因，就是"夫妻之间对彼此有假想"。丈夫假设他赚钱养家，就已经尽到了他的家庭责任。妻子呢，却认为丈夫应该满足她的情绪，了解她的幻想，还要帮忙教养孩子。

当这些假设与事实不合时，人就从失望转为愤怒。虽然两人无意伤害对方，但是内心受的伤害、委屈，就化成愤怒的叫骂。不管结果如何，都是两败俱伤，且恶性循环。

因此，庄光桢建议，夫妻之间要学习耐心听对方讲话，不要预测，不要打断；回应时，可以重覆对方讲的话，而暂不发表什么评论。很多误解的产生，就是因为没听完或预测对方想说的话，而急于反驳。沟通的原则，要好像站在十字街口，停、听、看。

另外，最好固定安排约会，一个月或一个礼拜一次，无论是吃饭或看电影等，都可增加感情。不过，这要事先安排，不能是临时决定。而且约会时不谈问题，只是单独在一起享受一段好时光。

刘美琳师母则表示，如果没时间常常约会，也可以把握日常生活的片刻。她很珍惜每天和先生一起吃早饭的时间。他们利用这时候一起读段经文，然后为孩子、为当天的事祷告。虽然不像烛光晚餐那么浪漫，但却是段单独、安静相处的宝贵时间。

陈德春师母则提醒大家，人与人的沟通有五个阶层：

第一层面属于问候语，比如："你好吗？"第二层面就讲到事实，但不加意见，例如："今天天气很冷。"到了第三层面，就开始表达意见："今天真冷，今年大概是近十年来最冷的一年。"而到了话语中加入感情时，就进入第四层面了："今天冷得要死，真讨厌。"最后的一个层面，就讲到内心的感受了，比如："我真的害怕、担心"一类的话题了。

基本上，层面愈深，愈会把心里话讲出来。陈德春师母建议，夫妻之间有的时候，不要进入第四层面，最好就事论事。

因为一有情绪介入，夫妻就很难再心平气和地好好谈事情了。譬如孩子放学回家不马上写功课，先生也任他玩，太太可以告诉先生："如果让孩子先玩，等他玩够了，心不容易静下来，功课在这种情况下写不好。"而不是说："你就是懒，叫你管孩子也不管！"

批评是导火线，因为批评都是以自我为中心，觉得别人做得不对。人遭受批评后会觉得被轻视，然后自卫，这样，爱就减少了。夫妻之间可以建议，但是别忘了建议时要将心比心。

男女的角色：一样不一样？

男女角色平等但有别。一般说来，男人比较注重视觉的刺激，女人则注目于对她有情的人。男人以工作的能力评价自我，女人却依靠爱情的关系来维持自我形象。这也是为什么当婚姻触礁时，女人会比较主动、积极地参加家庭讲座，或寻求心理辅导。

詹宏牧师认为，男人较少寻求婚姻辅导的原因，一是不好意思说自己的家庭状况，另外，觉得事业比较重要，家里闹情绪是小事，现在不处理，过一段时间自然会好的。另外还有文化的影响，中国的传统文化并不鼓励男人放太多心思在家庭里，能维持一个过得去的情况就好了。况且事业不能等，但家庭可以等。所以，男人寻求家庭辅导的心态比较被动。

由于社会的改变，女性的教育水准普遍提高，能力也渐被社会肯定，女性地位的增高也迫使男人调整心态。

詹宏牧师认为，男与女的地位，应是平等、没有冲突的，但角色有区别。角色有区别是人类社会里自然存在的现象，譬如两兄弟玩耍，为了抢玩具而打架，父母亲不会因为他们俩地位平等就任他们打，看谁打赢谁就争到玩具。父母亲多半对哥哥说："你是哥哥，怎么不爱弟弟？"又回头对弟弟说："他是哥哥，怎么不尊敬哥哥？"

这样的劝告，在孩子听起来好像没解决问题，孩子可能会觉得，爸妈连这么简单的问题都不能解决。为什么？因为兄弟俩是平等的，但是他们有区别。一个早生，一个晚生，他们的角色就不一样了。同样，在人类社会里，角色有区别和两个人的生命本质是平等的，没有冲突。

男女的生命本质也是平等的。过去的男人，不应借任何理由压制太太，对妇女不公平。今日的男人，也不应该因为女人在教育、职业或薪水方面的改变，不得不尊重她们，因为在这样的动机下，男人不会真正地尊重女人。

男人必须从爱的角度思考问题，无论做什么决定，要想到太太会怎么想？会有什么样的感受？她的意愿是什么？而不是因太太客观身份的改变提高了她的价值。男人的这种心态调整是必要的，也必须从这样的角度来调整。

詹牧师、师母是在美国念研究所时认识而结婚的，詹师母说她们的关系密切到丈夫常常会告诉她自己在想什么，无论是高兴或伤心，对她都很坦诚。

她也很感激丈夫对她的爱护。记得有一次她向先生抱怨别人，先生并没有批评她，反而带着她一起读圣经并解释神的话，让她觉得她没被嫌弃，没被看成小人。

詹牧师也对美琳十分信任、尊重，他说："美琳知道我的个性，她不断地规劝我。我也发现她说话的方式，比从前更有智慧、更诚恳。这么多年来，我体会她对家庭、对我都有明显的帮助，所以我接受的速度也愈来愈快。"

另一对夫妻，袁正清伯伯和何之雯伯母，是在同一所大学时认识到结婚。尽管社会不断变化，他们的婚姻却日益巩固。袁伯母回忆："1968年文化大革命时，他因反革命罪名被学校从严处理，经过群众批斗后就被抓走了。那时老大十一岁，女儿六岁。我是老师，但被看成反革命家属，孩子也被歧视，精神上承受极大的压力。所以只要一听到开批斗会的广播喇叭声，我们全家就心惊胆颤极了。

"后来没有证据定他的罪，就放他回家。往后的四年，我们还是常常被抄家，他也仍受批斗监督、劳动改造，干最脏最累的活。我们的婚姻受到严峻的考验。当时的工宣队劝我和他离婚，我没有搭理。我相信他不是个坏人，心里从来没有要离开他的念头。"

袁伯伯被监禁时，当时的领导和周围的群众逼袁伯母检举他。袁伯母就写大字报，揭发他偷听苏联的电台。袁伯伯看了大字报，非常气愤。他说："我觉得我的妻子不应该揭发我。而且，这大字报登出来以后，别人就更有理由逼我、斗我。回家以后，我心里一直不原谅她，有时就把这事重提出来。

"我后来才体会到，她处在当时的条件下，不揭发我是很难的。这事错不在她，而是当时的政治压力。她如果不揭发我而被关起来，孩子怎么办？当我想通了，就不再怪她。其实她既然是我的妻子，哪怕她真的做得不对，我也应该原谅她。如果我到现在还不能原谅她，那就是我对她的爱还不够。尤其信了主以后，应该要有舍己的爱。我如果这点事都不能原谅她，还谈什么舍己的爱？"

是的，真正的饶恕，不是抹杀记忆，而是真正的接纳，也不需谈条件。

重建的密诀：探戈三部曲

1. 正确的秩序

詹宏牧师、美琳师母一致确信，圣经《创世记》的记载显示，人与人之间没有任何关系比夫妻关系更亲密。

所以，生活秩序应是上帝第一，配偶其次，再来是儿女。这个顺位之间是没有冲突的。因为心中有上帝，人才有爱和力量来生活，而且关系是永远的，因为有配偶，才有儿女。

2. 共同的分担

今天的大众媒体如广播、电视、电影，不断渲染单亲，如单身女人的强势。一些通俗电视剧，又把父亲刻画成妄自尊大、丢三忘四的糊涂人。这些形象都让下一代产生一种错误的观念，以为父母亲的感情并不需要什么交流，也与自己无关。

心理学家庄光桢分析，父母感情不好，会带给孩子多方面的负面影响：

1) 缺乏安全感。长大后虽然组织家庭，但不信任任何人。
2) 对婚姻不乐观。
3) 幼小的孩童，会认为是自己不好，父母才吵架。若父母因吵架疏忽了孩子，有的孩子更会去做些不好的事，让父母的注意力转移到自己身上。
4) 夫妻感情不好，通常对男孩的影响较大。女孩比较会找对象诉说，或藉写作、画画舒解。但是男孩偏向压抑，尤其到了青少年时期，在处理情绪和人际关系方面，没有正确的学习对象，容易迷惑甚至于有错觉，将来也不晓得如何面对妻子的情绪。

总的来说，孩子的安全感建立在家庭和谐上。妈妈是儿子见到的第一位女性，她怎样对待丈夫，提供儿子将来对待妻子的榜样；同样，爸爸对待妈妈的态度，也影响女儿对男子的看法、对婚姻的期望。

陈牧师、师母一致赞同，要教养儿女成功，最好的办法就是身教。除了自己要婚姻美满，给孩子提供一个温暖的家庭外，父母花点时间和孩子谈人生、信仰或道德，常常全家坐在一起谈天，都可以制造良好的家庭气氛。

3. 从心灵做起

一乐深信，婚姻的重建要靠心灵重建，即改变自己的心。这个改变，要在信仰重建的基础上才有可能。

说穿了，婚姻是两个有缺点之人的最近距离接触，是人以最本来的面目出现在对方面前。自我中心是不幸婚姻的罪魁，惟有信仰可将其改变。另一方面来说，如果没有信仰，生活没有目标，人生没有方向，也就没有内心真正的平安，没有真正的幸福。

《箴言》中说："智慧的妇人，建立家室；愚昧的妇人，亲手拆毁。"每当冲突发生时，郝彤就用这句话来提醒自己，管住自己的口舌不出恶言。

伟苓因体弱多病，常进出医院。她说徐立信主以后，学会了照顾她。当她生病时，徐立会在出门之前留张字条在床旁，提醒她不要忘记吃药、喝汤。而当伟苓父亲生病时，徐立就把家庭管理得很好，让伟苓能安心去照顾父亲。

袁伯伯以往认为，夫妻来自不同的家庭，性格、观点都不太一样，忍耐一下还可以，但是要做到恒久忍耐，是很痛苦的。

后来他慢慢体认，要做到恒久忍耐，首先要把自己的位置摆对，不能以自己为中心。

他说："如果老是看对方这里不对那里不好，就是看自己了不起，看对方不怎么地。如果我明白自己和妻子都是被造的，就知道我们俩是一样的，应该是互相依靠的关系。比方说，我太太之雯性子慢、比较仔细，我比较粗犷急躁，我看她做事怎么这么慢，就生她的气。

"但她做得慢有她的理由，是我不知道她的理由，就总觉得她不对。其实这不是她的不对，而是我自己的不对了。更何况，与其我单单催她，倒不如帮着她做，这时间不就省出来了吗？

"这样还不够，还要去体会神让妻子有这么个慢性子，对于我又有什么美意？后来我了解到，自己性子急不但人际关系要出毛病，对身体也有损害。我就明白了，上帝要透过妻子来帮助我改一改我急躁的性格。认识到了这一点，我就愿意逐步改变，改变时也不觉得痛苦了。"

两人同心才能同步调。家庭，正是夫妻学习爱与合作的基本场所。

镜中的反省：拨云方见日

美琳师母认为，即使当初结婚的动机不是爱和委身，只要愿意悔改并拆除以前的错误心态，还是可以挽回婚姻的。因为夫妻冲突的普遍原因，是自己有保留地付出，却要对方完全地配合。如果能改变这种心态，双方决心成为好配偶，敬畏上帝，承认自己的过失，求上帝赦免，就可以重新来过，做个好妻子或好丈夫。

因为婚姻是神设立的最亲密的关系，男女一起可以体会生活的美和奇妙。而且夫妻角色是多方面的互补，丈夫是领导者，妻子就是被领导者；妻子若是个帮助者，丈夫就是被帮助者。彼此有互动的关系，就像头和身体，应该有很清楚的一体感。这是两个人同甘共苦，一起感受，互相信任，彼此依赖的美好经历。

正如婚姻与家庭的治疗专家摩斯兰得教授（Dr. Ron Moslener）所说："婚姻是面镜子，人可以从婚姻中认识自己。你在抱怨对方的过程中，发觉自己并不怎么好；你也能从欣赏对方的言行中，看到自己的需要。"

注：此文由麦小莹、许芸、叶信辉、于志方共同采访，麦小莹执笔完成。

原载于《海外校园》第64期，2004年4月

女人中年

"女人应该永远与时俱进，保持尝试新鲜事物的勇气，绝不能停下来。只要你还在往前走，你一定能保持年轻。"

"有一天，我们突然发现自己身边的人多半比自己年轻，就知道，我们已经进入了中年。"出产颇丰的旅美作家吴玲瑶说。电影《女人四十》主角萧芳芳，上台领取金马奖时，披肩不慎滑落，她打趣地说："女人一到四十，什么都垮下来了。"

著名影星张曼玉，在庆祝 40 岁生日时说过："我知道自己不太年轻了，也许没有以前漂亮，但四十岁有四十岁的美，比如我更成熟了，更会体谅别人。"她语重心长地说："对女人来说，心胸要大一些，嫉妒就会小些，不贪心的女人最美丽。女人应该永远与时俱进，保持尝试新鲜事物的勇气，绝不能停下来。只要你还在往前走，你一定能保持年轻。"

以上几段话，已经勾勒出翻越人生分水岭女人的形象，也道出了如何保持魅力的真谛。

女人四十一枝花

作为新时代的中年女人，四十岁对于我们来说是一个走到山顶，举目眺望，美景尽收眼底、赏心又悦目的阶段。对比没有太多机会接受高等教育的上辈，以及因社会发展而比我们更难在经济上、心理上独立自主的下一辈，我们是幸运的：外出工作的机会更多；交际面更广；知识累积更丰富；自身潜能更有条件发挥，同时，又具有责任感和上进心。四十岁之后的日子，是可以将自己孕育成魅力、智慧、高雅、华贵聚一身，如同牡丹盛开到极致的光景。

对于"女人中年"的定义至今尚无统一标准，有人以一生七十岁来计算，认为三十五岁以上就可称为中年。

有人以四十岁来界定中年，认为女人进入这个中年关口就开始走下坡路。再有，过去谈中年问题，也会从儿女长大离家的空巢期出发。然而随着时代变迁，越来越多的中年妇女仍属单身，或儿女仍然幼小。于是有人说中年难以用年龄界定，范围从三十岁到六十岁，有的人刚三十岁心态已经很老，有的人六十岁了还充满活力，心态年轻。

其实理论定义并不重要，如何在这一阶段活得有声有色，健康快乐，内秀外美，达到和谐统一的平衡，才是最让人关心的问题。与所爱的人培养共同兴趣，例如园艺、钓鱼、旅游、参加成长课程等等，并乐在其中，才是中年女人容光焕发的秘诀。

亡羊补牢犹未晚

偶然发现白髮偷偷爬上鬓脚，皱纹也在一夜间突然增多，就像听见衰老的警钟，一次又一次向我们敲响。

《真爱》家庭协会特约义工、婚姻家庭讲员锺越娜女士，有个非常贴切的比喻，她说，"中年，就像人生拼图的大部分已经完成，只剩下小部分，要往那已经定格的地方摆了。这拼图也许与年轻时的设想大相径庭，也许完全背道而驰，但从头开始已经不太可能了，让人有无力感与无奈感。"

艾芙琳·皮特森在《作女人的艺术》一书中指出："孩子离开你身边的空巢时期，可以是充满新鲜、令人向往而可充分利用的时光，但也可能是一场寂寥的恶梦，这一切都取决于你如何度过早先的岁月。"

中年女士相聚，离不开的话题是如何保持身材均匀姣好，岂不知这是从怀孕阶段就需要注重的话题。据统计，无生育史的中年妇女，形体改变、发胖的比例远远低于有生育史的妇女。报导指出，胎儿的营养是通过胎盘的血液循环来供应，生理机制会使胎儿所需的营养优先得到保障。许多孕妇在孕期摄入过多的营养成分，结果都转变成脂肪，沉积在脂肪细胞中，虽然许多人产后可以恢复到产前的体型，但中年时期发胖的比例却大大增加。

再比如，青壮年期间因孩子的缘故，往往没有充分的时间与配偶进行深层次的沟通，更没时间发掘自己的潜质，培养兴趣爱好，扩充知识面和交际面。这样，一旦孩子长大离家，就很有可能产生失落感和寂寞感。这是长期燃烧自己，不注意充电的结果。因此，中年妇女需格外留意，若发现身心出现警兆，就要亡羊补牢急起直追。

魅力女人舍你其谁？

人到中年，怎样努力都难以抓住青春的尾巴，如何使自己成为有魅力的女人？对女性问题颇有研究的作家马睿欣提出几点参考意见：

> **多看书，少看电视。**"读万卷书如行万里路"，前人的智慧结晶不仅可以丰富你的心灵，更能增加你的内涵，而气质，就是由里而外的魅力，是无法用外表的修饰来代替的。电视却让我们漫无边际地被牵着走，不健康的节目更会使人浮躁。

> **少用嘴，多用耳和眼。**因操心管家、照顾孩子等，许多中年女人的话比较多。然而，善于用耳聆听、用眼观察的女人，在别人眼里是有智慧有魅力的。有人称其为"没有炙人火焰的智慧"。

> **学会照顾自己尊重自己。**有智慧地规划饮食，节制零食，适当运动，每天注意把自己修饰整齐，都是对自我的尊重也是对他人（视觉）的尊重。

> **学习独处和常常反省。**独处让人安静，远离喧嚣和呱噪；反省让人自觉地检视内心，勤于思考，增长智慧。这样的女人会有一种从里而外的魅力。

> **信仰的觉醒。**走到中年，会发现，许多年轻时想抓的东西没抓住也没有机会再抓了。无奈、自卑、自怜、忧郁、空虚等感觉会不时袭上心头，若没有信仰作为支柱，便常常会有危机感。

　　有信仰的人，知道不必为明天的事忧虑，每天有来自于上帝的大爱充满，有新的生命在成长，不论走到人生的哪个阶段，都充满活力和希望。

> **打造牢固的夫妻键。**有言道，被爱着的女人最美丽。这爱除了从上帝而来的大爱，我们与身边配偶的爱也是重要的一部分。经常深谈，培养共同兴趣，全然接纳对

方的优缺点,寻找生命生活的交集点,让配偶成为自己的心灵伴侣,可使中年女人容光焕发、美丽异常。

中年不可怕,有道是:无限风光在险峰,就让我们在这个险峰上,焕发生命的异彩吧!

采访了几位具有代表性的中年女性,她们是很好的借鉴。

媒体记者:感恩和享受

家住新泽西州,刚过完四十岁生日的美珍,两年前随丈夫从台湾来到美国。

问美珍"跨入四十岁这个门槛时有什么感慨?"她说,三十岁时追求成熟,喜欢穿着端庄严肃的套装,快进入四十岁时,反倒比较刻意地打扮得年轻有活力,喜欢穿休闲套装或牛仔装。在偶尔看到白髪和新增的皱纹时,会有一丝无奈感,但很快会接受事实。

美珍对现在的生活很满意,一儿一女,儿子十一岁女儿七岁,还算独立,又没到青少年的反叛期,全家人可以一起从事户外活动。她感觉这段时间是她生命中的好时光。当然,她对自己并不是没有规划,她的规划分为短、中、长。

短期计划:以家庭、孩子为主。如今她每天工作半日,有充分的时间照顾两个孩子的学习和全家的生活。节假日里,她尽量安排孩子们喜欢的活动,也尽可能多花些时间陪伴孩子。

中期计划:做好充分的心理和专业准备,一旦家庭需要她来承担经济责任时能立即胜任。

长期计划：修读幼儿管理和教育课程，今后开办自己的幼儿园。

美珍说，人过四十，少了些不切合实际的梦想和追求，多了一份感恩和享受。她说她很知道疼爱自己，每次发了薪水，都会去商店给自己买一个不昂贵的礼物。她说，智慧的女人应该在爱自己和爱家庭、享受自我空间和享受亲情之间找到平衡点。

"别浪费今天的时间忧虑明天的事。"美珍说。她觉得有太多的事需要做，都是有价值有意义的，要享受每一寸光阴，有了计划就去身体力行。比如，想到该旅游休闲了，就做计划旅游；想好好美餐一顿，就不吝啬地去餐馆吃一顿；孩子有什么要求和建议，也尽可能满足他们。这样，当回首时，不会有太多的遗憾。

单身贵族：活得自由自在

定居波士顿、自幼钟爱绘画艺术的兰惠，曾任美术设计师多年，十三年前来到美国，修读纯美术的绘画艺术，现为全职艺术工作者。

在谈到如何看待自己的中年生活时，兰惠说，她自觉比一般的已婚妇女更幸运，没有家庭和孩子，有充分的时间及空间来从事热爱的事业。在美国，想在艺术圈了里闯出一片天空着实不易，但她深信这是自己内心的呼唤，也是一种自我生命的需要。虽然创作之路并不好走，但一路走来，经历了许多神迹奇事。

物质条件不充裕，反倒使自己的生活能尽量保持单纯。兰惠的绘画风格已自成体系，得到同行的认可，不需要为生活另谋职业了。在精神生活方面，随着年龄的增加，她越来越知道自己要什么，看见身边不少人整天为家庭孩子忙碌，庆幸自己是自由之身，一人吃饱全家不饿。

兰惠说，她对婚姻持开放态度，没遇上心灵伴侣就耐心等待，有机会就抓住，没机会也不强求，享受现在的生活是最实在的。

成为基督徒后，兰惠越来越看到上帝在她生命中的蓝图。艺术之路本身就不易走，对于单身女人来说就更不易走，不论粗活细活都要自己亲自动手打点。尽管如此，她感觉心灵的活力和创造力却越来越旺盛。

当然，兰惠不讳言，形只影单有时也会感到寂寞，但这时正好是安静检视内心的时刻，艺术家的内心是敏感而丰富的，伟大的创作往往出自于寂寞的源泉。

兰惠性格豪爽，从不掩饰自己，因此有很多好朋友，她感觉心灵很释放，活得自由自在。

单亲妈妈：家庭事业保持平衡

在情感和身体上都经历过大风大浪的秀美，如今是中年单亲妈妈，也是新泽西州成功的房地产经纪人。

秀美的儿子两岁时，先生有了外遇，提出离婚，儿子判给秀美。生活重担突然落在了她这个全职母亲身上。那时候，真到了为柴米油盐和每月交房贷发愁的地步。她巴不得一天能工作48个小时，尽早在经济上独立。

为照顾孩子，她选择了房地产经纪人职业。十年过去，她已经是新泽西州中部信誉良好、年年获奖的成功人士。

在身体健康方面，秀美的经历更是比常人多。曾有一次，她在飞机上发生大出血，差点丧命。她也曾在半年之内，动过五次大手术。多种药物的治疗，导致她免疫功能低下，近年又发现肝功能不好。

然而，不知实情的人，很难从她的神情和言谈中，觉察出丝毫不快乐。问她快乐的源泉何在，她说：

> 幸运的是在离异前认识了上帝，相信上帝会看顾保守祂的孩子。因此，每当自己遇到困难时，常有奇迹发生。回头望去，感觉没有过不了的关卡。

> 相信我们活在世上，都有上帝美好的计划。上帝就是爱，我们一手伸向天，支取从天上来的爱；一手平伸向人，把爱输送出去，自己就常常被爱充满了。

> 许多在婚姻中没有得到的喜乐和满足，都在离异后得到了。她说，离异的女人不是二等公民，一样可以自强自立，活得快乐自在。

被问到这么多年自己带孩子，又进入了中年，是否会感到孤独？秀美说，她从没有孤独的感觉。

究其原因，是因为她非常爱读书爱思考，阅读面很广，对人感兴趣，再就是她有很多朋友。秀美做生意的宗旨是"买卖不成友谊在"，她总是把交朋友放在做买卖之先，许多朋友有困难时，常常第一时间就想到可以从她那里得到帮助，这让秀美感觉到自己的价值和内心的满足。

单亲母亲肩上的担子不轻，非常重要的一点是要安排好优先次序，保持家庭、事业、生活上的平衡。秀美的优先次序是上帝、家庭、朋友、工作。这个次序一厘清，生活就不会忙乱，处事就有了方向，自己也有空间。还要学会享受现在的拥有和处境，对比现在世界上还有许多人无处安身，能有地方睡觉、睡好觉就是一种幸福！

职业妇女：心中被爱充满

素素住在西雅图，已经过了中年，若不从她大学毕业的儿子去推算，没人猜得出她的年龄。与她聊天总是被她的活力和热情感染。近年来，她担任出版社编辑一职，通过网路认识并聚集了一群海外作家，她将这些作家的作品编撰成书，介绍给中国读者。

请她谈谈对女人中年的看法，她表示："我从来没有感觉自己已进入中年，我的心态总是年轻的。"

探问素素保持心态年轻的秘诀，她说，美满的婚姻和融洽的家庭气氛，是心理生理健康的保证。她与夫婿虽是异族婚姻，但十几年共同生活的经历，让他们达到了彼此只需一个眼神，就能了解对方意思的默契。

素素说先生幽默、包容、有爱心，使得她把原本自己都不知道的潜能发挥出来。她始终被先生宠爱着，笑声常常充溢家中，根本感觉不到自己已进入中年。

她提出，没孩子的中年夫妇，要多在提高婚姻品质方面花时间和精力。

她还主张，除了重视健康食品、规律作息之外，也要重视性爱。尤其是华人妇女，不能认为性爱只是年轻人的事。要充分了解自我，解开传统的性心理禁锢，阅读一些辅导书籍，最大限度地在婚姻中享受性爱，这也是保持心理和生理年轻的重要一环。

素素说，一个人只有觉得被爱充满了，才会觉得世界有色彩，生活有意义，自己有价值。要心存感恩，遇到什么事，都从正面去思考，有家庭、有健康、有事业，都是值得感恩的事。虽然有时会有挫折、会有不如意，但想到上帝创造每一个人都是有意义有目的的，我们的生命掌握在上帝手中，就可以平安坦然地面对一切，享受我们的生命。

过来人：珍惜亲情最上策

住在北加州圣荷西的冰光女士，已走完中年旅程升任祖母。她曾是镁光灯下的新闻人物，进入中年后却毅然选择把家庭放在第一位，二十多年过去了，她对自己的选择毫无遗憾。

冰光说，我们这一代人是幸运的也是不幸的，我们肩负了太多长辈的期望和压力。尤其是她自己的父亲，一心盼着身为长女的她出名，让她觉得若有负父望，就要一辈子背负不孝的罪疚。

幸好先生非常疼爱她，体谅她的苦心，全力支持她发展事业，冰光不到四十岁，已在石雕艺术领域独树一帜。当时轰动整个台湾，冰光被邀请赴美巡迴展览了七个多月。

在打拼的岁月里，冰光每天工作长达十六至十八个小时，先生则任劳任怨父代母职，一肩担起照顾四个孩子、做家事和打理店务的各项事宜。至今先生已过世十年，冰光对他的舍己付出，依然深念不忘，几度泫然。这天上人间至死不渝的爱情，令人动容。

当年孩子们哭着喊着:"我们好像没娘的孩子,妈妈,我们要您回家!"面对事业和家庭两难的抉择,冰光犹如万箭穿心。最后,她毅然选择了家庭,离开了事业和镁光灯。

冰光 45 岁与家人移民来美,彻底告别了自己的辉煌。为了弥补对先生和孩子的歉疚,她坚持在家工作,不再外出谋职。

现在儿女已结婚成家,冰光当了祖母外祖母,她仍然快乐地为孩子们分忧解劳,还打趣地说自己是"应召婆婆",孩子来一通电话她就立即赶到,欣慰地享受着和乐融融的亲情。

她认为,中年是人生色彩最丰富的阶段,是成熟、丰收、给予的季节。中年女人散发着睿智的魅力与慈柔的韵味,极富诱惑感,宜切切谨步慎行,珍惜现在的拥有,不要追逐天边的彩虹。那些带给人虚幻的激情,终究是短暂的,若因把持不住,而失去亲情及半生努力的成果,代价就太惨重了。

冰光说,中年女人应该"将遗憾带走,把典范留下",走过沧桑,仍能以甜美替代苦涩。

原载于《真爱》杂志第 21 期,2005 年 2 月

婆媳互动有门径

若希望与姻亲建立良好的关系，首先必须认清对方的家人已成为自己的家人，不要硬生生地划分"你"妈妈、"我"妈妈，而要想成"我们的"妈妈。

一、千古难题今犹在

"婆媳问题"在华人文化中，原就是千古难解的家庭问题。据多位家庭辅导专家及观察者指出，现代华人家庭的婆媳问题，呈现方式或有不同，严重程度则犹胜往昔。尤以身居海外、婆媳同住者，"战况"最为惨烈。

虽然迄今尚未有完整的统计数据，但只要环顾周遭，就不难发现这已成为海外华人教会及社区中极为普遍、不容忽视的挑战。

多年从事海外中国学人事工的苏文峰牧师，与当过媳妇又做了婆婆的临床心理学家叶吴庆宜博士，对"海外华人家庭婆媳问题为何如此严重"剖析如下：

> **双方都很强势**：现代的婆婆，尤其是从中国大陆来到海外的，大多经历过战乱以及各种政治运动。"妇人能顶半边天"的意识很强，自主自立性也强。而移居海外的媳妇，自主意识比婆婆更是有过之而无不及。两

个"女强人"共居一屋,一山岂容二虎?

- **缺乏正确楷模**:儿子媳妇一代,尤其是来自中国大陆者,在成长过程中因社会及政治动荡,有相当大的比例没有与父母一直生活在一起,因而缺乏学习的榜样,不知如何与长辈相处。一旦与上一代(而且是原无血缘关系的上一代)朝夕相对,自然状况百出。

- **无法有效沟通**:尽管老少两代妇女个人自主意识都很强,却因华人文化的传统,导致她们不太愿意直接表达自己内心的想法,期望别人能揣摩到她们的心思。这就造成了沟通的障碍。如果媳妇出国日久,学会了西方人那一套"有话就说,不说就是没意见"的思维习惯,而婆婆仍然维持传统作风,那么可想而知,家中如何能保证不"暗潮汹涌"?

- **教养方式迥异**:爷爷奶奶很自然地会对孙辈纵容溺爱,从而与媳妇的教养方式南辕北辙,小孩子天天看脸色、钻漏洞,婆媳不起冲突也难!

- **期待获得回报**:婆婆觉得,她为儿子媳妇分担家务、照顾孙儿,付出了许多心力体力,理应得到报偿。婆婆们期望得到的报偿无非就是尊重、孝敬与孩子乐意采纳她们的意见。

安居海外的华人学子择偶、成家、生子,做公婆的喜得孙辈,常会兴冲冲飘洋过海来共享天伦,也乐意帮儿子媳妇分担家务。然而,往往和乐的气氛没维持多久,便出现矛盾。

婆婆觉得媳妇不够孝又跋扈;媳妇则觉得婆婆管得太宽、思想陈旧不可理喻;身兼儿子与丈夫双重角色的男人,则夹在两个至亲的女人当中左右为难。如何面对这些"剪不断，理还乱"的纠葛？是否有皆大欢喜的三赢之道？

二、智慧媳妇你能做

来自北京、家住纽约的岳萍，十年婚姻中有六年与婆婆同住，关系发展到势同水火而苦不堪言。岳萍成为基督徒之后，愿意遵从圣经教导，下定决心与婆婆重建关系。

在与丈夫结婚十周年的纪念晚宴上，岳萍当着在座亲朋的面，公开朗读了一封给婆婆的感恩信。岳萍在信中尽颂婆婆勤俭持家、勤快爱整洁、厨艺好等优良品质，更感谢婆婆把儿子教养得品格出众，她才有这么好的终身伴侣。

婆婆及在场的人，都被岳萍的肺腑之言所打动，婆婆从此对媳妇刮目相看。岳萍为婆媳关系的修复和重建跨出了美好的一步。

台湾师范大学教授林如萍等十二位华人专家学者，在联合编撰的《婚前教育手册》中指出，大多数恋爱中的男女，专注的仅仅是他们两个人之间的相处和感情，极少花时间和精力去深入认识和了解对方的家人。手册中指出，婚约不仅仅是两位情投意合的男女之间的结合，更是两个家族的结合。因此，姻亲关系，尤其是最敏感的婆媳关系，绝对不可轻忽。

俗语说："爱屋及乌"，你若真心爱丈夫，就不应该心里只有他，而没有他的家人。要把"爱婆婆"看成是爱先生最好的方式之一，别把婆婆看成竞争对手。主动关心婆婆，嘴巴甜些，注意应对进退的礼节，平日或过年过节送些贴心小礼物，以实际行动消除彼此的生疏感和防卫之心，使自己成为他们母子情感的参与者，而非霸占者或抢夺者。

在婆媳关系的经营上，媳妇若能抱着"只问耕耘，不管收获"的精神。凡事但求心安理得，尽力把自己的角色扮演好，若有什么难以平复的委曲，夫妻互相体谅支持，终究可以"守得云开见月明"！

三、恆久忍耐有恩慈

以下专家和过来人的建议，实践过的媳妇们均感效果非凡。

- **先建立牢固亲密的夫妻关系。** 在还没有达到夫妻亲密的默契前，宁可在家务与育儿上辛苦一点，也不要因缺乏人手而急着接婆婆同住。
- **多了解多体谅。** 了解婆婆飘洋过海来到异乡，因文化、环境、饮食各方面的变化，会有很大的失落感和孤独感。体谅她寂寞、恐惧、陌生与没有安全感的心理，善待她。带她参加教会或社区活动，为她找到年龄背景相近的同伴，使她得到友谊支持。
- **接纳老人比较固执的事实。** 在非关重大原则的事上尽量迁就婆婆。尽量给她空间，尊重她原有的生活方式。若她的想法真有不妥之处，也要慢慢说服，而不要顶嘴或争辩。
- **安排家庭活动尽量将婆婆包括在内。** 全家出去玩，要邀请婆婆参加，不要嫌她累赘。要鼓励老人家从事一些她有兴趣或她能贡献才智的活动，让她觉得自己有价值，生活有意义、有期盼。

> **心中常存感恩。**若婆婆愿意分担家务、操劳日常琐事，不要视为理所当然，要真心感激，更要感谢婆婆养育了自己的丈夫。

俗话说得好："有关系就没关系，没关系就有关系"。你若与先生有亲密的关系，就不会有先生被婆婆抢夺的不安全感，反而乐意让丈夫享受母子亲情。若你与婆婆建立起亲如母女的情谊，有了小矛盾就很容易化解，而不至于产生隔阂或积怨。

四、快乐婆婆有新招

"自古以来都是当媳妇的要忍，可现在，我这当婆婆的却忍无可忍了！"来自上海、住在亚特兰大的婆婆贤珍说："媳妇虽有博士学位，在家里却既不会带孩子，也不会烧菜，更别说勤俭持家了。"对着家庭辅导师，贤珍越说越来气："我在家给他们带孩子，趁孩子睡觉的空档准备饭菜。一天忙下来，腰都要累断了，好不容易晚饭后喘口气，想与儿子聊几句家常话，媳妇就在一边拉长了脸，明摆着是嫌我霸占了她的丈夫。"

辅导师张张嘴想说话，还没吐出一个字，贤珍就又说开了："我也不是那种旧式婆婆，也是受过高等教育的。我们那年代人，同样要上班、要做家务，三、四个孩子都是自己带大的，晚上还常常要去参加政治学习。现在的年轻人，真被娇宠坏了。这还不说，常常我做好饭，抱着孙子等他们回家，他们却一个电话打来，说是临时有事，不回来吃晚饭了。你看这像不像话？我在他们眼里连个保姆都不如！"

《真爱》协会特约同工、底特律地区执业家庭辅导师顾韫女士说，上述情况在她辅导的案例中并不少见。媳妇常以女主人自居，婆婆在她们心目中，彷佛是听命干活的老妈子。

针对婆婆们的不平之鸣，顾韫女士和多位家庭辅导专家提出以下建议，希望做婆婆的朋友们身体力行，肯定会得到意想不到的效果。

> **想得开。** 要学习放手，孩子已长大成人，可以自己做决定了，做长辈的就要心甘情愿地把自己的角色由"家长"转为"顾问"。婆媳近距离长期相处，难免会有磨擦，若是一些家务小事，能忍则忍，不要太计较，要多往好处想，多看年轻人可爱的地方，体谅他们的压力。若实在觉得心里难过，也要以适当的方式表达出来。少插手孩子们的事情，对他们的决定少给"不请自来的忠告"。不要老用"想当年"来与现在的年轻人比较，更不要在外人面前说媳妇的闲话。

> **接受无法改变的事实。** 既然儿子选择了媳妇，婆媳关系就从此注定了，只要儿子喜欢，做婆婆的就要努力接受这个事实。有什么比儿子媳妇恩恩爱爱、家庭稳定和睦更重要？若儿子媳妇因与公婆不和而离婚，不仅老人家不能安享晚年，还会影响到孙辈的健康成长。

> **将心比心。** 要瞭解母子之爱和夫妻之爱的呈现方式大不相同，因此不要把自己爱儿子的方式强加在媳妇身上。想想自己年轻当媳妇时，不也希望丈夫多给自己一些时间，多注意自己一些？设身处地为媳妇想想，就会愿意让小俩口有单独相处的时间和空间了。

> **不过于敏感。** 小俩口免不了有时拌几句嘴、说些气话。身为婆婆的你，不要认为争执必定因你而起，最好的办法是离开现场。对儿女的婚姻或对孙辈的教养问题过

度干涉，不但没有助益，往往会使关系更加恶化。

- **长存感恩与爱心。**不要认为媳妇把儿子夺走了，相反要谢谢媳妇，让儿子结束了漂泊不定的单身生涯，还不辞辛劳地生儿育女。常在儿子面前赞扬媳妇，话传到媳妇耳朵里，她一定会对你多一分敬重。人心都是肉做的，婆婆多疼媳妇一分，就等于在"情感户头"里多存一笔款，只要"存款"充足，偶尔有些小磨擦或误会，也容易沟通和谅解。

- **扩大生活圈。**来到海外，生活环境改变，老朋友断了来往，再加上语言障碍、交通不便，会更觉孤独。因此要学习自得其乐，参加教会或社区活动、读书、运动、交友、种花莳草等等，这样才不至于把所有注意力都集中在家里，事事操心，事事烦心。

五、搭桥承担好男儿

有个故事说，太太逼着先生表态，若是她与婆婆同时遭遇船难，先生是先救婆婆呢？还是先救她？做先生的被逼得走投无路，负气地说："我情愿自己先淹死！"

这故事从某个角度而言，就是许多既为人子、又为人夫者的两难写照。

在孩子的成长过程中，父母不惜代价地投资，希望他们出类拔萃。又在退休后远赴海外与他们同住，无非是想在享受天伦之乐的同时，帮他们一把。

父母期盼得到的回报不仅是金钱上的，更是情感上的。尽管孩子已成家立业，但在某些父母眼里，他们永远是自己的儿子，应该按自己的意志行事。

对此，真爱家庭协会会长叶高芳博士强调，圣经的教导是"人要离开父母，与妻子连合，二人成为一体。"这是上帝创造人、设立婚姻的心意。

他解释说，所谓"离开父母"，不仅指新婚夫妇身体上要成熟自立，心理上、经济上也要能独立自主，学会自己做决定，并为决定的后果负责。所谓"与妻子成为一体"，则点出了夫妻是彼此生命关系中最亲密的人，其他的人伦关系不应凌驾于婚姻关系之上。惟有在这个前提下，夫妻同心经营与双方长辈或家人的感情，才会获得最佳果效。

婚姻把两个来自不同家庭的人，圈成一个新的生命共同体，也让周遭原本不相识的人产生了关联。若希望与姻亲建立良好的关系，首先必须认清对方的家人已成为自己的家人，不要硬生生地划分"你"妈妈、"我"妈妈，而要想成"我们的"妈妈。

生活在同一个屋簷下的婆媳，实在需要这位既为人子、又为人夫的男人负起搭桥的责任，承担起使双方和睦共处的使命。以下是对这位关键人物的建言：

1. **夫妻关系摆第一。**美国西北大学临床心理学家黄维仁博士提醒，先生若不以"夫妻关系"为优先，而以"母子关系"为优先，不但无法真正解决婆媳问题，反而极有可能破坏原本不错的婚姻。

2. **给妻子安全感。**私下多称赞太太、关心太太、听太太倾诉，赢得她的心。打个比方，如果你在太太的情感户头中存入了一百万元，太太看见你给婆婆五万元，便不容易产生嫉妒，也不会失去安全感。

3. **给妻子机会。** 帮助太太多瞭解自己母亲的背景和习性，以便妻子能自如地"投其所好"。不要抢着当孝子，要把机会让给太太，让她去讨母亲的欢心。也要多设法让太太与母亲单独相处，增加她们彼此深入沟通的机会。

4. **谋定而后动。** 若母亲有大事需要儿子帮忙时，儿子宁可先私下与太太商量后，再以自己的名义回覆。切忌答应之后又变卦，且以"太太不同意"为挡箭牌，这无异于把太太推到了母亲的敌对面。若由此产生了裂痕，今后可能花上十倍的力气也难以弥补。

5. **勇于承担。** 婆媳有矛盾时，儿子多数被迫当倾诉对象。这时，要学会多倾听、少发表意见，更不要偏袒某一方，或是一字不漏地来回传话。宁愿自己受点委屈、遭点误会，尽量不让这两代挚爱你的女人受伤害，这才是男子汉大丈夫的承担。

6. **成为桥樑。** 若遇到婆媳间有严重误会，必须面对面澄清时，切忌采取多一事不如少一事的逃避态度。要成为和平使者，邀她们一起坐下来，把问题摆到桌面上来讨论，以便有效沟通和消除误会，避免引起斗争。

总之，婆媳关系处理得好坏，是一场检测我们信心、爱心、耐心和智慧的考试，每个参与者都用心和努力，就不会有太差的成绩和结果。

原载于《真爱》杂志第 14 期，2003 年 11 月

迎战婚姻暴力

爱是需要学习的，社会的每一份子都需要知道如何去爱，如何建立长久的、互相尊重的亲密关系。

现象：家暴的狰狞面目

自古以来家庭暴力，尤其是在家庭中针对妇女的暴力，就是世界各地普遍存在的社会问题，不论哪个种族或地域，也不论社会制度、文化传统和经济发展水平如何。

随着国际妇女保护运动的发展，家庭暴力作为普遍存在的社会问题而受到关注。

1993年12月，联合国大会正式通过了《消除对妇女的暴力行为宣言》，对妇女的暴力行为作了界定：即"对妇女造成或可能造成身体、心理及性方面伤害或痛苦的任何基于社会性别的暴力行为，包括威胁要挟使用这类暴力、强迫或任意剥夺自由，不论其发生在公共生活还是私人生活中。"

因尼泊尔一对姊妹被杀事件引发了国际关注，1999年起，每年的11月25日法定为"国际消除家庭暴力日"。目前，全世界有40多个国家制定了禁止家庭暴力的法律。

让我们来看看家庭暴力在美国的严重程度。据美国联邦司法部及国家医学会的统计——

> 每三位妇女中就有一位，在有生之年至少被打过一次。
> 最容易让十五岁到四十四岁之间妇女受伤的事情，就是被先生或情人殴打。其人数多于车祸、被强暴及遭抢劫者的总和。
> 医院急诊室治疗个案中，有35%与家庭暴力有关。
> 所有被杀害的女性中，有41%是因家庭暴力而丧生。
> 警察受伤的案例中有40%、被杀害的案例中有20%，肇因于处理家庭暴力问题。
> 警察局在夜间接到的求救电话，有60%与家庭暴力有关。
> 14%已婚妇女曾被丈夫或前夫强暴过。
> 在家庭暴力中，妇女受害者占绝大多数。

再来看看其他地区普遍存在的家暴情况：

- 在英国，家庭暴力占全国暴力事件总数的25%。
- 在台湾，每五位妇女中就有一位在一生中曾被殴打。有17%至35%的妇女曾在婚姻中受过身体或精神上的虐待。
- 在中国，妇联一项对2.7亿个家庭的调查显示，有30%的家庭存在家庭暴力。每年约40万个解体的家庭中，有25%是因为家庭暴力。

中国传统文化中三纲五常中的"三纲"，就是指三种绝对服从的关系，即：君为臣纲、父为子纲、夫为妻纲。妻子的地位不仅在丈夫之下，也必须听命于公婆。

在传统的封建社会里，"妻子如衣服"的观念普遍存在，别说是随便打骂，就是"典卖妻女"或"强逼妻女卖淫"都是关起门来的家务事，外人管不着。

由于妇女在家庭和经济地位上处于弱势，更因为"家丑不可外扬"的传统观念，长期以来，家暴就在"清官难断家务事"的帷幕下滋生和传承。许多曾经温馨和乐的家庭，也在这种暴力的"家务事"中分崩离析。

以往提起家暴，多局限于使受害者遭受肉体伤害或致残的肢体暴力，受害者的伤残检查证明，成为司法部门追究刑责的重要依据。"第十一届世界妇女大会"正式提出：家庭暴力分为精神暴力、躯体暴力和性暴力。

中国的一项统计资料表明，精神暴力发生频率占家暴总数第一，躯体暴力第二，性暴力最少。

随着社会形态的变迁及防家暴法律法规的制定，形式更隐蔽的精神暴力有上升趋势，尤其在知识份子当中，比例惊人。

社会学家指出，精神暴力、性暴力与躯体暴力相比，对受害者的精神摧残更深、更重、更隐秘，也更难界定，这种伤害不是通过解除婚姻关系就可以解除，它可能使受害人终身难愈。专家还注意到，因外遇而离婚不顺利的丈夫或妻子，精神暴力或性暴力的比例更高些。

精神暴力的定义是：以威胁、咒骂、讥讽、凌辱人格等方式，造成配偶或伴侣精神上的痛苦和压抑。性暴力则是指违背妇女意愿的婚姻内强奸。在美国某些州，妻子若举报丈夫婚姻内强奸，丈夫会被判处十五个小时的监禁。

"走出家暴"应当从"认识家暴"开始。其次，人人都当尊重生命。因为每个人都是上帝的创造和杰作，在人格、尊严、自主意识等方面，男女享受平等、自主的权益。

禁止家暴的发生，除改变观念、依靠信仰的力量外，还应寻求专业人员的帮助，同时善用政府及社会资源。也就是说，解决家庭暴力这个婚姻和社会的复杂问题，需要受害者、施暴者、辅导者和政府公权力一起携手面对。

行动：求救，悔改，援手，制止

受害者：积极行动起来

长期在婚姻暴力的阴影下忍辱偷生，对自己、对施虐者、对儿女都没有好处。

遇人不淑或长年生活在暴力威胁之下的人，必须鼓起勇气，脱离被辖制、虐待、骚扰的景况。以下几个步骤可以帮助你获得免于恐惧的自由。

1. 认识家暴的类型并自我觉醒

首先要通过参加有关讲座，与信任的辅导人员协谈，认识到自己是受害者。

也可通过以下几个问题，测试一下自己是不是受害者：

- 是否必须时常小心翼翼看对方脸色或百依百顺？
- 是否认为夫妻之间的打架（或被打）是清官难断的家务事？
- 是否为了孩子或经济依靠忍受对方的殴打及各种责难？
- 是否认为将遭到配偶打骂的事实公诸于众是很丢脸的事？

2. 权衡自己的安全问题

这包括生命安全与精神安全。有研究发现，长期受虐的妇女会出现"受虐妇女症候群"，其症状为自我意识低下、敏感多疑、畏缩、焦虑、情绪不稳等。

在无助与绝望的情绪下，铤而走险"以暴制暴"的案例也时有发生。

3. 自己做出决定

是维持现状，还是勇敢地走出阴影？研究显示，受害者不少处于经济或社会弱势，因而常常处于矛盾之中：既想脱离目前的状况，又对自己将来的出路没有信心。

若决定寻求帮助，要有失去婚姻和经济支援、失去孩子监护权的心理准备。

4. 寻求帮助

请记住，施暴者通常会害怕公众舆论和法律制裁。施暴者往往会抓住受害者爱面子、怕失去孩子、失去经济支援等心理，反复施暴。当你将自己的实际情况向可信任的亲友或反暴热线电话倾诉时，就能得到理解和帮助。另外，有的社区还设立了受虐妇女避难所，可供受害者暂时居住。

5. 离开施暴者

人格不健全的人，习惯予取予求，认为太太百般顺从是理所当然的，因此认为自己不需要改变。华人惯常劝受害者逆来顺受、忍耐等候，甚至抬出信仰的大帽子，力劝太太留在丈夫身边慢慢感化他。然而，对暴力婚姻而言，这样做的成功率实在太小，危险性也实在太高。有统计表明，受害者若一味在暴力婚姻中隐忍，会促使婚姻走向固定的暴力模式。

若受虐者一味忍受，只有7%的施暴者会自行停止打人，其他93%则愈演愈烈。很多施暴者是在配偶寻求外界帮助，或是提出离婚时，才觉悟到自己需要从暴力的恶性循环中跳出来。

6. 医治及开始新生活

受虐者在治疗身体伤害的同时，更重要的是心理医治。重新自我定位，建立信心、学习生存技能、尽快经济独立等，都是建立新生活必须的步骤。

还要注意，在家庭暴力阴影下长大的孩子，心灵受伤害、性格被扭曲的比例很大，也很有可能成为将来的施暴者，因此若有可能，应考虑将孩子带离暴力环境。

施暴者：斩断恶性循环

暴虐的丈夫，绝非上帝为人设计的正常家庭成员。任何人都有权免于受虐而拥有安全、尊严的生活。你若是施虐者，要主动寻求专业协助，依靠信仰的力量彻底悔改，否则害己伤人，下场不堪设想。以下是对施暴者的建议：

1. 了解自己

分析自己原生家庭背景，回顾自己幼年时期遭受或目睹暴力时的感受，并思考用暴力加害于配偶及家人的行为对婚姻和家庭的危害。

2. 戒酒戒毒

在家庭暴力的调查中，酗酒、吸毒的施暴者占相当大比例，醉酒、吸毒使施暴者的自控能力下降。若决心从暴力婚姻中跳出来，首先要有决心戒酒戒毒。

3. 认识暴力循环周期

找出自己易被触怒的心理按钮。如今研究者与专家们公认，家庭暴力通常是循环式发生，且严重度及发生频率与日俱增。这个周期分：平静期、压力积累期、爆发期、懊悔期（或称蜜月期）。

4. 跳出循环周期

愿意让亲戚朋友、社区工作者、警察或教会牧师介入，监督或帮助自己跳出蕴积→爆发→悔恨→蕴积的恶性循环周期。

5. 学习正确的情绪疏解方式

把精力从易引起愤怒和情绪波动的事物上转移开去，认识尊重他人就是尊重自己，改变自己"物化"配偶的思想，牢记人人都必须尊重生命。

6. 借助于信仰的力量

真正认识到自己无力自拔、需要上帝的帮助，借助读经祷告学习仁慈、爱与饶恕。

辅导者：循序渐进伸出援手

- 倾听受虐者倾诉，分析受虐类型及严重程度，做一个评估调查。
- 取得受虐者信任，对你们之间的谈话和计划保守秘密。

- 告诉受虐者个人的力量很难阻止虐待行为。
- 协助受虐者设计人身安全计划。
- 与受虐者讨论她/他的实际状况,提供所需的协助。
- 帮助受虐者发展个人资源,支援她/他个人的决定。
- 不要轻易建议受虐者回到暴力的关系中。
- 帮助施虐者分析她/他的状况。
- 帮助施虐者寻求戒酒戒毒等治疗计划。
- 帮助施暴者建立支援监督系统。

公权力:制止暴力保护弱者

1. 动粗要付代价

目前美国很多州已有明确的法律规定:只要发现丈夫打太太,无论太太是否提出要求,先生都至少要坐牢一夜。这对于那些有工作的男人相当管用,帮助他们醒悟,如果继续下去不但会失去家庭,甚至连职业也难保。

2. 禁止接近

为了保护受虐者不再受害,法官可颁佈"禁制令"(Restraining Order)让施暴者不能近身。同时可让受害者随身携带呼叫器,或是在受害者房间安装与警察局直接连线的按扭,都是很有帮助的办法。

3. 施加压力

在法庭的压力下,施暴者若为避免坐牢而改善婚姻关系,会开始寻找心理治疗和团体辅导，只有这样，他们的家庭和他们本身，才有绝处逢生的契机。

《真爱》家庭协会顾问、临床心理学家黄维仁博士表示：立法单位要不断改进未臻完善的法律，以便更有效地保护受害者，也让那些陷在罪恶中的施暴者有条生路。

4. 教育和立法

婚姻暴力是相当令人伤痛的，若一直包容，施暴者很难改变，这样不仅双方会受害，子女也成为受害者，一代一代传下去，咒诅将永无休止。

黄维仁博士强调，爱是需要学习的，社会的每一份子都需要知道如何去爱，如何建立长久的、互相尊重的亲密关系。政府也需要出台强制施暴者学习的法律，为施暴者建立学习渠道。

原载于《真爱》杂志第 30 期，2006 年 8 月

慎防外遇陷阱

进入婚姻，实际上只是完成两人世界的第一步，今后携手一起走的路更长更艰难，需要更多的智慧和毅力。

晚近一份调查报告指出，美国社会中37%的已婚者，自承有过外遇经验。台港多份刊物报导，赴中国大陆工作或投资的台商、华商、海归（海外归国人士），80%的人曾经外遇，据业界人士透露，实际比例更高。研究显示，男性外遇者的比例远高于女性，而女性外遇者的离婚比例高于男性。

今年二月《中国情色调查与中国情爱报告》统计，6,263人参加了"与谁发生过一夜情"的调查，各种情况比例如下：32.22%与网友，28.20%与好朋友，25.18%与旧情人，19.75%与同事。

随着社会急速变迁、资讯交流量剧增、互联网的大行其道，高速运转的工作与紧张的生活节奏，使得不少人处于高张力的精神状态，配偶之间共处和交流的时间越来越少，而在网路上、工作中、社团组织内，同事、同好相处时间越来越多，互动频率越来越高，这就给婚外情预备了温床。真爱家庭协会会长叶高芳博士，从事家庭辅导及研究逾卅年，他分析道，外遇的形成通常有三方面的因素：

一、外界因素

传统的价值观、道德观已经被打破,人的羞耻心沦丧,环境的诱惑和色情的泛滥较之半个世纪前,增长了许多倍。妇女走出家庭,增加了两性互动的机会。

"笑贫不笑娼"、以是否有情人来标榜自己魅力的风气,给持守单纯、抱着传统家庭观的人造成压力。就业地点变动大、造成夫妻两地分离的现状等,也是导致外遇的因素。

二、内部因素

婚姻内部有问题,例如夫妻互动机会少、沟通层次不够深入。两地相隔聚少离多,感情纽带逐渐细弱。不及时地调整婚姻关系,加强彼此的吸引力,情感便很容易转移。因家务琐事夫妻经常口角或不愉快,也是彼此把对方往外推的力量。

三、个人因素

调查显示,思想品格成熟的人较不容易外遇。有信仰,认同婚姻是"上帝所设立的,人不可分开"及"床也不可污秽"等伦理道德观的人,自律性比较强,不容易受诱惑。言行不够谨慎,心理防线比较脆弱,以及不知道如何安静独处的人比较容易受诱惑。换句话说,"外遇不是有没有机会的问题,而是有没有动机的问题。"

头脑清醒的人会发现,种种冒险,如攀岩、滑翔翼、滑水、冲浪、自由弹跳……等等,都不如感情的冒险代价大,上述冒险行为大不了一死,而感情的折磨却让人生不如死。

背叛感情者会遭受严峻的道德责备和终生痛苦,看似浪漫的开始，带来的是伤痕累累的结局。所以有人说："如果你想一天不得安宁，就请客吃饭；如果你想一年不得安宁，就装修房屋；如果你想一生不得安宁，就搞外遇。"这也许是过来人的心声吧！

其实，好人也会常常受到诱惑。杰森大学毕业后赴美留学，获得学位后在一间大公司任职，因聪明勤奋，事业蒸蒸日上。几年后，杰森被派往中国分公司任首席代表，妻子则因孩子教育等具体情况留在美国。在一次朋友的聚会中，杰森遇见了初恋情人，才发现彼此都没有忘记当年的美好时光，几次来往交谈后，便觉得难舍难分了。

这是一个旧情复燃的例子。夫妻长期分居很危险，因为远水救不了近火，工作上的事情，身边发生的状况，很难通过电话与另一半沟通，加上本身心理及生理的需要，抵挡诱惑对他们来说绝非易事。

现今社会，同一屋檐下持守婚姻已属不易，长期分居的夫妻就更难。有人说，"男人的薄弱环节是眼睛，女人的薄弱环节是耳朵"。

家庭辅导专家柏比尔，在他撰写的《当好男人遇见性试探》一书中说："往往对你最具吸引力的女人，都是你不能或不该拥有的。如此你便会瞭解到，在你里面有个所有男人都具备的共同点，那就是：我们都对某些区域里的东西着迷不已。"

我们也要了解，女人最大的满足是感觉到自己被珍爱、被关心、被欣赏。若先生常常付出爱心行动，比如帮妻子做家事，经常的嘘寒问暖，以及不吝啬适时送上赞美，太太就会觉得幸福，"红杏出墙"的机率也会大大减低。对于好男人好女人如何预防自己陷入外遇，专家们的建议如下：

1. 相信婚姻是神圣的,是神所设立的,男人是一家之主,对家庭的稳定和健全负有不可推卸的责任。女人是丈夫的"帮手",咄咄逼人的气势,是把丈夫往第三者怀里送的"推手"。
2. 努力学习在家庭中建立正确的沟通和情绪宣泄管道,不到婚姻外去寻找异性的安慰。
3. 一家人尽可能生活在一起,不要长期分开。
4. 建立自己在对方心里的知己地位,经常敞开讨论各种问题,包括性方面的问题。培养共同的兴趣爱好,使两人之间的话题永不枯竭。
5. 共同学习性生活知识,体认到自己的身体只属于配偶,也只能用来取悦于对方,不可随意糟践。
6. 与自己信任的同性建立深厚的友谊,遇到困惑或麻烦时能有倾诉对象,也能听到中肯的建议。
7. 要想到父母外遇或婚姻破裂将遗患后代,孩子会终生缺乏安全感和自信心。

不时给婚姻添加浪漫色彩,夫妻之间互敬互爱、互补互励、强化婚姻纽带、避免婚姻趋于平淡等等,都是需要用心投资、避免落入外遇漩涡的方面。

如何避免成为第三者?以下的例子是个借鉴。

慧玲的中日英文俱佳,个儿高挑,相貌佼好,又善于修饰打扮。因自身条件不错,眼界自然也高,年近三十还是单身贵族。研究院毕业后慧玲来到纽约,进入日资公司担任主管,上司是已有家室的日裔川野。

川野先生精明能干,风度翩翩,几场漂亮果断的谈判下来,慧玲对他佩服得五体投地，总有一种想单独与他在一起的冲动驱使她找机会接触川野。自然而然，他们有了更多的话题，也开始相约外出午餐，彼此欣赏着对方。

有一次他们同去外地参加展览会，一天下来，慧玲腿都站肿了，无意间说了句："真累啊！"川野立即体贴地说："那么就开个房间休息一下吧。"之后，他们便进入了情人关系。

慧玲经济独立，无牵无挂，热恋中的她有所期待。然而，慧玲虽然尝到了激情的滋味，但终究不可能有结果，关系维持了一年，她便再也忍受不了期待的煎熬，毅然辞职。可是慧玲心身曾属一位体贴又温柔的男人，反倒使她更难找称心如意的伴侣了。

从统计资料看，经历外遇的人，若不是被配偶发现提出离婚，十有八九会在一段时间之后全身而退。多数已婚男女，并不想打破现有的婚姻状况和生活秩序，也不愿背负"背叛者"的罪名，更不愿影响自己在子女心目中的形象，因此，外遇者大多会继续扮演好丈夫、好妻子的角色。

这么一来，作为第三者的男人或女人，当他/她们发现对方并不会因她/他而离开家庭，便会觉得爱情被亵渎了，自己也成为外遇的受伤者。

被成熟有才华的男子吸引，经不起男人体贴温柔的攻势，似乎是女人的通病。而男人又何尝不是易被楚楚可怜或温柔娇媚的女子吸引？在"爱情"与"责任"越来越分离的现代，如何清醒地持守自己的防线，是智慧男女应该学习的功课。

资深临床心理学家、真爱家庭协会特约同工叶吴庆宜博士，在谈到"如何避免成为第三者"时给出以下几点建议：

> ➤ **建立正确的婚姻交友观**。事先了解对方的身份和背景，

了解对方是否已有家室。藐视一夫一妻的婚姻观、夺人所爱，常常会自食其果。要知道，绝大多数外遇都不会有好结局，第一次婚姻中得不到的满足，在今后的婚姻中也不易得到，有统计第二次婚姻的离婚率比第一次婚姻的离婚率更高。

- **有自知之明。**已婚的男女要知道，与其他异性单独交往可能会有不可避免的风险，要注意选择时间、地点、环境，佩戴婚戒也可以明示婚姻状况。
- **严守界限。**男女交往甚密，不可避免从互有好感到日久生情，因此，在与异性接触时，尽量避免谈论个人的私事，尤其不宜谈论自己婚姻的问题。
- **自尊自重。**如果有强烈的愿望想见配偶以外或已有配偶的异性，就要警惕陷入外遇。个人的穿着举止要端庄，以免让人误会"此处不设防"。
- **安排生活。**寻找同性朋友，培养多方面的兴趣，让自己的生活有变化而不至于沉闷无聊。
- **持守信仰。**在信仰中建立正确的道德观和价值观，对抵抗诱惑有很大帮助。

我们应该明白，只有婚约保护下的爱情与性爱，才有可能给人最大的安全感和最大的满足。

有气质、有文化、有见解，外表姣好的女性，或风流倜傥的男性无疑会吸引欣赏他们的异性，但只有那些不随意抛洒感情的人，才会得到别人的尊敬，也不会给自己和家人造成伤害。

外遇的受害者无论男女都会得到同情，但是我们也要看到，配偶滑入外遇陷阱有多方面的因素，家庭这个最能使人放松、最有安全感的地方，若缺少了平安、喜乐、温情，就难免发生外遇。

已婚者不要以为结婚就是进入了两人关系的保险箱。综合叶高芳博士、叶吴庆宜博士以及心理学顾问黄维仁博士的建议，要使婚姻美满幸福，要想抓住配偶的心，必须从以下几方面做起：

> **确信婚姻的神圣。** 婚姻是上帝设立的，不可随便毁约。牢记："婚姻有天梯，无后门。"要信守婚约，无论遇到什么情况也不放弃。要用时间、精力、智慧来给婚姻赋予色彩和新意，若有"我已经是他的，他已经是我的"大功告成想法，不注意为婚姻园圃施肥、除虫、浇水，总有一天会看到枯萎凋零的迹象。

> **体察彼此的需要。** 以敏感和智慧，去体察对方的需要，让对方在家中得到最大的生理和心理满足。人在一生中，有时会觉得自己很有尊严、很坚强，有时又会觉得自己很没用、很沮丧。因此，作为配偶，要敏锐地体察对方的需要，并适时调整自己的角色。有时，需要把自己变换成儿子或女儿的角色，像对母亲或父亲那样，仰起头，依恋地、崇拜地、信任地送上你发自内心的赞美。有时又需要充当一个父亲或母亲的角色，去安慰对方，鼓励对方。让他/她觉得被接纳被保护，而不是被责难和挖苦。尤其是男人，妻子对他的敬重，是他们心理上最大的满足。女人最大的需要是感觉到被欣赏、被爱。

> **夫妻相伴相随。** 男性较女性更不能抵御诱惑，也更难以忍受寂寞和孤独。如果先生被长期派驻外地工作，聪明的妻子应不计代价相伴相随。一个人需要谈话对象，他

/她们希望自己的配偶是知心朋友。

- **确立优先顺序。**配偶第一,孩子第二,事业第三。工作是为了养家糊口,为了给孩子好环境,但若次序不当,大房子可以成为"咆哮山庄",还不如"温馨小巢"让人感觉安全稳妥。婚后也需要浪漫的氛围,希望对方总是情人,不仅体贴温柔,还要悦人眼目。所以,不论丈夫和妻子,都要知道良好的习惯、整洁的外貌、愉快的心情,微笑的面容和深层次的沟通,是婚姻美满不可少的因素。

进入婚姻,实际上只是完成两人世界的第一步,今后携手一起走的路更长更艰难,需要更多的智慧和毅力。为了预防自己的配偶落入婚外情的陷阱,从结婚那天起,就要多用心经营婚姻,让你们婚姻的纽带能牢固到足以抵御外界的诱惑。

原载于《真爱》杂志第 17 期,2004 年 6 月

跨越更年期

人生大部分的时日在"不惑"之后,也就是我们要准备面对的更年期和之后的人生阶段。

一生中,生长、发育、成熟、衰老、死亡,是一条人尽皆知的自然轨道,然而,更年期却被称为"多事之秋"。其实,更年期是性腺功能由旺盛到衰退的一个时期。

求助案例

案例 A: 明焕今年五十有三,毕业于名牌大学经贸系,在同一间公司服务近二十年。善于创意和逆向思维的他,在自己经手的多个项目中频频出彩,为公司的发展和上市作出了杰出贡献,职位也节节升高,不久前被提拔到副总裁岗位。

近期老父住院,需要他这个独子常跑医院关心照顾;儿子又正值高中第三年,参观、选择大学,也是他义不容辞的责任。

恰又逢经济环境走下坡路,公司面临被吞并的压力。精力旺盛的明焕突然发现,使出浑身解数也应接不暇,力不从心。由此而来的焦躁日益积累,化作一阵阵怒气,无法自控。

一天,反叛期的儿子顶撞了他几句,明焕一时语塞,勃然大怒，顺手拎起茶几上的贵重花瓶，使劲砸在地上。怒气发作后，他自己也感觉困惑，好像这不是原来的自己啊。

案例 B：晓慧是职业妇女，三个孩子的母亲，这两年刚刚停经。日间隔一阵子就感觉热浪上涌直冲头面，浑身躁热不适，有时还伴有心跳心虚。这时若照镜子，脸红得像关公。几分钟之后，身上发汗，红色退去，若有微风吹来，又感觉发冷。所以，总要带一件外套在身边，一天穿穿脱脱十几个来回，尤其近来右肩抬举困难，连项链也要老公帮忙才能戴上。

不仅如此，夜间睡不踏实，频频做梦，导致日间工作头脑不清醒，差错接二连三，老板也面露愠色，颇有微词。

尤其让她难以启齿的是，与丈夫每周一次的性亲密完全失去了以往的愉悦，成了痛苦的历程，进而害怕丈夫的性要求或暗示。去看医师，检查指标都在正常范围。晓慧想，做女人做到这个份上，还有什么意思？真不如死了算了！

案例 C：小伟的太太发现丈夫近一年来反应迟钝了许多，有时与他说话，津津有味地说了一大通，却发现小伟呆呆地在神游。有时需要帮个忙递个什么东西，叫他几句都没反应。更有甚者，刚刚交代一件事情让他去办，没两分钟就被他忘得一干二净。真叫小伟太太气不打一处来。

小伟的脾气非常好，任太太怎么唠叨也不还嘴，这是他真觉得自己不对。虽然小伟在太太嘴里一钱不值，但工作却干得很出色，他最乐意的事就是周末去实验室加班。观察小伟，他两只手总是不停地摸摸胳膊、摸摸脸、摸摸鼻子，看起来他是下意识的。

与小伟太太深聊几句，才知道她对小伟最不满的一点原来是小伟的床上"功夫"大大退步。

情境剖析

"更年期综合征"多指女性绝经前后出现的一系列心理和生理变化。1998年医学界在日内瓦举办了"第一届国际男性更年期研讨会"，男性更年期也开始受到关注。

男女更年期均由性腺功能衰退、性激素分泌下降引起。据统计，女性更年期开始的平均年龄在45岁左右，也与个体差异和家族遗传有密切关系。

女性更年期卵巢功能退化，起始标志是月经紊乱，伴随诸如潮热、盗汗、体力下降、情绪不稳、睡眠障碍、性生活不协调等一系列症状体症。短则一至二年，长可持续5至10年。研究发现，90%以上的中外妇女都会出现更年期症状，其中一半妇女认为更年期症状影响了她们的生活，带给她们许多烦恼。

男性更年期也称为"中老年男性雄激素部分缺乏症（Padam）"，开始于55岁左右。主要是随着年龄的增长，男性体内雄激素水平降低，从而引起类似妇女更年期的一系列症状，同样影响生活品质。

由于男性更年期的发生晚于女性近十年，有明显症状者也仅占30%左右。况且，这个年龄段正好是男性身体各脏器病变的多发期，如脑动脉硬化症、高血压病、神经衰弱、抑郁症、慢性贫血、胃肠道恶性肿瘤等。这些疾病的部分症状，会掩盖男性更年期综合症症状，增加了诊断难度。通过血液雄激素（睾酮）水平的检测，排除其他疾病后，才可明确诊断"男性更年期综合症"。非内分泌专科医生，常常忽略做男性激素检测。

正确认知

不难发现，无论是生活还是工作，你我总是经历着"有序→失序→新序"的循环。将其引申到身体状况，更年期就是身体的"失序"期，需要多一份心思来学习，多一份耐心来对待，多一份信心来跨越。

中老年夫妇相濡以沫，只要稍稍细心并具备一些基本知识，就可以成为对方最好的守护者。这种守护，不仅在生理层面，更重要的是心理层面。

劳逸结合、健康饮食、规律作息都是非常重要的环节。更年期之后，身体会达到一种新平衡，恢复到一个新的有序状态。"老伴老伴，老来作伴"，不论在商场还是超市，在旅游景点还是路边人行道，我们不难见到一些步履蹒跚、你搀我扶的伴侣，这种身体上依恋、心理上默契的关系，不正是人们向往的暮年风景吗？

孔子为我们描述的人生图像是："三十而立，四十而不惑，五十而知天命，六十而耳顺，七十而从心所欲不逾矩。"可见人生大部分的时日在"不惑"之后，也就是我们要准备面对的更年期和之后的人生阶段。

跨越更年期也是人生从快跑转入慢跑的过程，在这个过程中，人会有更多思考、反省和领悟，逐渐走向成熟、圆融、豁达。许多人直到中年以后，才思索自己的人生目标和意义，从而更加合理有效地使用时间和精力，活出精彩的"下半场"。

外孙百日,三代同堂(2019年3月)

寻找有效处方

案例 A 是一个有普遍意义的例子。当奋力打拼达到自己期许的至高点时,肩上的担子也最重,常常是上有老、下有小的"夹心饼""三明治"。临床统计发现,如今都市快节奏、高强度的紧张生活,直接影响人的心理和内分泌变化,导致白领阶层更年期过早出现,症状也更加明显。

明焕可能已经进入更年期而不自知,身体雄激素的下降会导致体力下降,故而有力不从心之感。在多重的压力下,心理上没有及时地调整,也没有通过正确管道疏解,这样下去会导致身体和心理出状况。

近年的调查表明,男性更年期出现忧郁症的比例不在少数,而情绪失控的暴怒,也是更年期患者的常见表现之一。自己或配偶若发现有莫名其妙的情绪异常,要及时请医师帮忙诊断和治疗。

案例 B，是妇女受更年期症状所苦最典型的例子。女性的性激素主要由卵巢分泌，包括雌激素、孕激素和少量的雄激素。这些性激素的血液浓度，主宰着妇女的生育能力，决定着女人的青春、魅力、健康和衰老进程，因此，卵巢又被称为女人的"生命之源""魅力性感之源"。

一旦卵巢的功能退化进入更年期，女人就会失去饱满和活力，出现皮肤乾枯、起皱、面部黄褐斑。同时，下丘脑——垂体——性腺这个内分泌轴，因负反馈抑制机能减退，会导致脑部控制血管收缩舒张功能的植物神经中枢紊乱，而出现案例 B 中提到的一系列更年期症状。

在这些症状中，最让妇女生活受影响的，是性生活的不协调。它使妇女们心理上产生"无法尽责"的自卑感和"担心失去配偶"的不安全感。如果做丈夫的在性方面的要求比较多，又不体谅妻子这一特殊时期的状况，加上外面的诱惑，就很有可能导致婚姻出问题。仔细观察一下，不难发现我们周围就有"多疑的妻子"和"外遇的丈夫"。

其实，随着医学科研的进步，治疗和解决更年期综合征的方法还不少，关键是要有寻求帮助的意识。同时，应坦诚与配偶交流讨论，找到合适的治疗方法。内分泌专科医师在这方面，比妇产科医师经验更丰富。

案例 C 则是更年期夫妻生活不协调的例子。表面看起来太太很强势，其实她有苦难言、值得同情。如果她对男性更年期有些认识，开诚布公地说出自己的不如意，督促丈夫进行检查和治疗，情况就可以完全改观。太太不至于变成"怨妇"，先生也不至于以加班来逃避太太的唠叨。

下面是一些更年期自测题，可以帮助检测是否有更年期综合征，如果你赞同三个以上的问题便要提高警惕了。

- 人到中年正是打拼的最佳时期，即使知道自己到了更年期也身不由己。
- 更年期不必治疗，自然会好。
- 补充激素会引起癌症。
- 更年期后身体状况必然走下坡路。
- 更年期后，不会再有满意的性生活。
- 更年期美容保健没有意义。
- 更年期一过，就接近人生末期了，不可能再有什么作为。

针对上面的七个问题，我们给您一些贴心的解答和建议，希望对您有帮助。

1. 人到中年正是打拼的最佳时期，即使知道自己到了更年期也身不由己。

人到中年，经验丰富，见识广泛，人格也比较成熟，加上有关心和参与公益事务的热心，很多机会会找上门来。然而，如果你正进入更年期，就要注意排列优先顺序，有所选择。若在这之前就参与或担任多种职务，也要斟酌着有所放弃，否则处于"蜡烛两头烧"的状况，对身体健康非常不利。当然，并不是说为了身体要放下一切责任，而是为了平稳度过"失序期"，为今后跑得更长更远储备力量。有句话说："不要比气粗，要比气长。"这些年来，眼见身边不少非常有才华的中年菁英，不善调理而英年早逝，实在令人痛惜，应该引以为戒。

2. 更年期不必治疗，自然会好。

更年期症状严重的人，不论身体还是心理都受到极大的困扰，甚至影响了婚姻关系和生活情趣，尤其是伴有心理症状的人，对自己和家人都是一种折磨。在医师的帮助下，积极面对和调理，症状会明显减轻，过度期也会明显缩短，这不仅对家庭关系，更是对自己更年期后的健康生活有重大影响，值得重视。

3. 补充激素会引起癌症。

2002年7月，美国医学杂志，发表了一篇有关雌孕激素联合治疗妇女更年期综合征的文章，文章报告癌患风险高于对照组的，导致安全监察委员会决定停止该组的试验。由此，引起了全球范围内医患对激素治疗的疑虑与恐慌。专家们则认为，临床遵循用药原则，进行规范的激素治疗利大于弊。大样本临床试验已证明，单纯雌激素治疗不增加乳腺癌的风险。雌孕激素联合治疗乳腺癌的风险轻度增加，但与月经初潮早、绝经晚、30岁后分娩等的风险相似。若能严格选择病例，用药剂量合适，做好随诊，就能把风险及危害降到最低。

4. 更年期后身体状况必然走下坡路。

我们说，更年期是个"失序期"。不少妇女由于绝经前后月经紊乱失血过多，甚至需要做诊刮治疗，身体亏损很大，若工作和生活有压力，也使健康水平下降。但要相信，经过治疗、调理，生活规律，加强保健，绝经后也不再失血，身体状况会渐渐好转。国际绝经学会在激素治疗的声明中指出，"老年男女应用激素或激素替代物，将是延缓衰老和提高生活品质的重要措施之一。"

5. 更年期后，不会再有满意的性生活。

妇女在绝经后期阶段，由于雌激素水平低落，泌尿生殖道粘膜萎缩，会引起外阴瘙痒、阴道烧灼感、性交疼痛、尿频、尿急、排尿不畅等症状，极大地干扰着绝经期妇女的性生活。然而，通过补充雌激素，解决生殖道粘膜萎缩的问题，再加上使用合适的外用润滑剂，尤其是补充适量的雄激素，都可以使情况改观。男性也会遇到"性趣"下降或过程不如意的状况，均需彼此体贴，敞开交流，共同面对。"更年期后，仍然可以有满意的性生活"并不是神话。

6. 更年期美容保健没有意义。

过来人认为，更年期的美容保健尤为重要。更年期，激素水平下降是主要因素，但在身体出现病痛或麻烦之前，忽略锻炼和保健的大有人在。这就像一辆汽车，不注意保养，就容易出问题，如果注意保养，即使出了问题，今后再出问题的频率也会减低。同样道理，在更年期这个"多事之秋"，规律的生活、饮食的搭配、劳逸的结合都要提到议事日程上来，这样才会减少老年时期的病痛折磨。从孩子的角度来说，作长辈的身体健康，就是对子女最好的体贴和帮助。女性定期做美容，有更好的精神面貌，对心理调适也是很好的帮助。

7. 更年期一过，就接近人生末期了，不可能再有什么作为。

随着医疗保健水平的提高，人的寿命逐渐延长。女性一生几乎三分之一的日子在跨越更年期之后，没有明显基础病的男性，更年期后也有一二十年的寿命。再说，更年期之后基本卸下了养儿育女、赡养老人和职场角色的重担，有充裕的时间来规划自己的晚年生活,或者实践一些曾经的梦想。

祝朋友们有一个丰富、灿烂、夕阳红般的晚年!

原载于《真爱》杂志第 45 期,2009 年 1 月

后　记

　　1993年11月14日我受洗归主，2018年11月14日整整25年。虽然有心编一本集子纪念这个节日，无奈当时心中杂草丛生，无法安静。尤其是2018年初，我诊断出甲状腺癌，5月6月两次手术，8月份又做碘放射治疗，整个暑期我都忙着跑诊所医院，关心康复问题。内心深处清楚知道，是神让我的心和腿慢下来，我确实走得有点偏了。

　　今年2月20日祷告，神提醒我去完成未了的心愿，也赐下安静的宅家机会。

　　首先要感谢几位主内姐妹。当我请求她们帮我印证神的启示时，她们比我还兴奋，积极鼓励我动手。

　　接着要感谢易文出版社的邱辛眸先生，他也是主内弟兄，三年前我就对他说过选编文章结集出版的打算，现在终于可以合作了。在此书的编辑过程中，我认识到易文出版社对作品质量把关非常严格，他们是看了我的书稿才同意签合同的。邱馆长认真为我做了校订，并摘出每一篇的精华句子作为导语，成为本书特色。美编设计的封面清新雅致，正是我心目中期望的样式；他的排版也非常专业和精细，行距字距都非常合适，易于阅读。总之，用"完美"来形容这本书的编排设计一点都不过分。

　　书中收入的作品，大部分曾发表于基督教刊物。这次编辑，每一篇都做了认真细致的修订，发现自己在遣词造句方面有了进步。由衷感谢许多在属灵和写作路上带领我的牧长和老师，感激录用我作品的编辑。

特别要感谢文字路上的同伴艾华，20年前我第一次上网写作，他就给我中肯的建议，并不厌其烦地帮忙"捉虱"，经他校对的文字让我放心。这次请他帮我做二校，他欣然答应。辛苦他了。

再要感谢的是我先生刘水旺，不论我灵命上还是文字上的进步，都离不开他的鞭策和鼓励，尽管冷水多过赞扬（笑）。当然，最可贵的是他全然接纳我，不论我怎么无赖无理。他为此书题写的书名与隔页篇名令我满意。

有朋友问到，为何此书以真名出版？是因书中大部分文章，曾以真名发表在基督教刊物，用真名出版比较合适。

最后，感谢所有在各种场合认识的朋友、感谢所有参与此书编辑出版的朋友，愿友谊长存！

2020年4月30日

www.ingramcontent.com/pod-product-compliance
Ingram Content Group UK Ltd.
Pitfield, Milton Keynes, MK11 3LW, UK
UKHW042005230426
12048UKWH00009B/557